じゅそうけん
受験総合研究所

子どもの人生を本気で考えた

中学受験 受験校選び戦略

JN039644

KADOKAWA

附属の学校に
進学して、
大学受験はしない
つもりでいる

YES → **別学 × 自由型 × 附属校**
（早大学院、慶應普通部など）

NO → **別学 × 自由型 × 進学校**
（麻布、女子学院など）

附属の学校に
進学して、
大学受験はしない
つもりでいる

YES → **別学 × 管理型 × 附属校**
（明大中野など）

NO → **別学 × 管理型 × 進学校**
（巣鴨、豊島岡など）

附属の学校に
進学して、
大学受験はしない
つもりでいる

YES → **共学 × 管理型 × 附属校**
（早稲田実業など）

NO → **共学 × 管理型 × 進学校**
（市川、栄東など）

附属の学校に
進学して、
大学受験はしない
つもりでいる

YES → **共学 × 自由型 × 附属校**
（中央大附属など）

NO → **共学 × 自由型 × 進学校**
（渋幕、渋渋など）

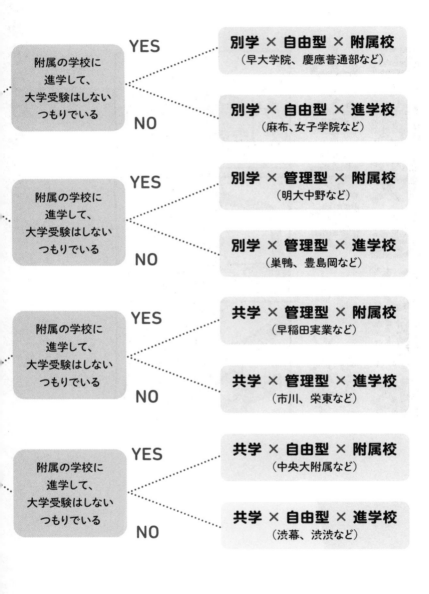

YES／NOチャートでわかる！

受験校マッチング診断

男女でわいわい過ごすよりも、
異性の目を気にせずに
勉強や部活に集中したい

YES

自主的に勉強できるので、
学習指導も校則も
厳しくないほうがいい

YES

NO

NO

自分で勉強方針を
立てるのが苦手なので、
学校でもしっかり
受験指導をしてほしい

YES

NO

志望校はどのタイプ？

首都圏主要中学マトリクス

※日能研R4偏差値（2023年12月版）を使用

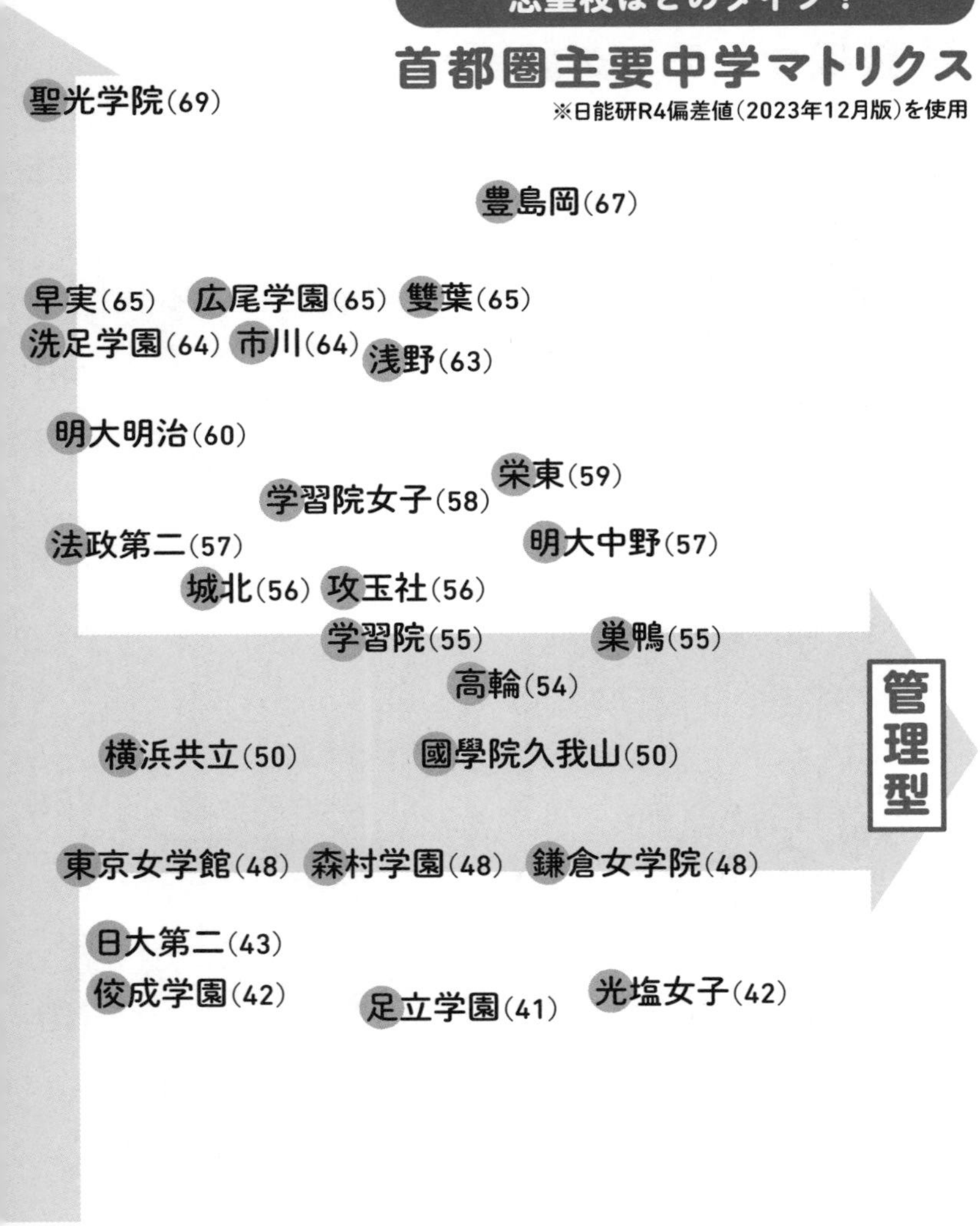

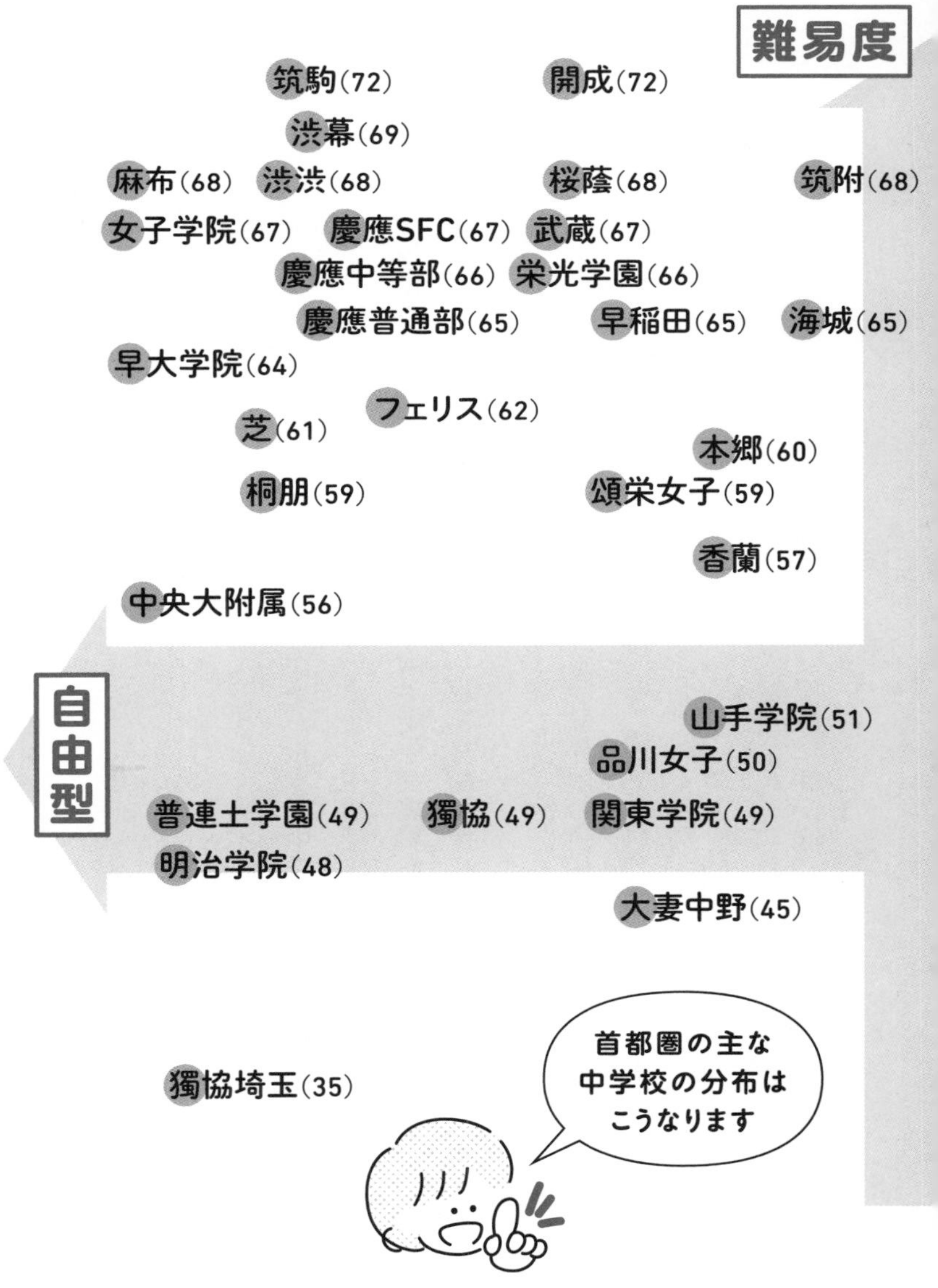
難易度
筑駒(72)
開成(72)
渋幕(69)
麻布(68)
渋渋(68)
桜蔭(68)
筑附(68)
女子学院(67)
慶應SFC(67)
武蔵(67)
慶應中等部(66)
栄光学園(66)
慶應普通部(65)
早稲田(65)
海城(65)
早大学院(64)
フェリス(62)
芝(61)
本郷(60)
桐朋(59)
頌栄女子(59)
香蘭(57)
中央大附属(56)
自由型
山手学院(51)
品川女子(50)
普連土学園(49)
獨協(49)
関東学院(49)
明治学院(48)
大妻中野(45)
獨協埼玉(35)
首都圏の主な
中学校の分布は
こうなります

はじめに

今、首都圏の中学受験が〝異次元のフェーズ〟に突入していることを、皆さんはご存じでしょうか？

年々子どもの数が減少しているのにもかかわらず、中学受験人口は毎年増加し続けていて、その値は過去最高を更新しています。中学受験を見据えて塾に通う子どもの低年齢化が進んで、ＳＡＰＩＸなど大手中学受験塾では小学1、2年生のクラスが満員となり、募集を停止してしまっている校舎もあるようです。

私は、学歴研究家としてＳＮＳを通じて受験界隈《かいわい》の情報を発信している「じゅそうけん（受験総合研究所）」と申します。学歴・受験の研究を専門に、本書で取り上げる中学受験のみならず、小学校受験、高校受験、大学受験、そして海外の学校への受験についても全国規模で調査を進めています。

早稲田大学在学中の２０１９年より毎日受験情報を発信し続け、Ｘ（旧ツイッター、以下同）のフォロワーは8万人を超えました。２０２１年に大手金融機関を退職し、人生をかけて学歴・受験と向き合うことを決心した、界隈が生んだ怪物です。かっこよく言うと、新進気鋭の若手学歴評論家、でしょうか。

毎日毎日、受験情報を収集し続けている私がここ最近強く感じるのは、中学受験市場が凄《すさ》まじい勢いで活性化していて、その状況が刻一刻と変化しているということです。

中学受験生のママパパアカウントとX上でコミュニケーションを取るにつれて、私はみるみる中学受験の知識をつけていきました。

周知の通り、近年少子化が急速に進行して一世帯あたりの子どもの数が減り、子一人にかける教育費は年々増加しています。１９９０年代前半には平均20万円台だった年間教育費は、２０１７年には37・１万円となり、10万円以上も増加しました。年間で10万円以上の増加ということは、子ども一人にかける小学校〜高校までの教育費は総額で１００万円以上も上がっていることになります（参議院「経済のプリズムコラムＮｏ・16」、第１７０号、平成30年7月）。

中学受験も同様です。冒頭で述べたように、年々子どもの数が減少しているのにもかかわらず、中学受験人口は毎年増加し続けています。特に東京の港区や文京区、中央区などでは激しい中学受験フィーバーが巻き起こっています。

最近、保護者の教育熱が高まっていることで話題の臨海エリアでは、タワーマンションの増加にともなって子どもの数も激増しています。このエリアには、ともに大手企業勤務、あるいは医者や弁護士といった、いわゆる〝パワーカップル〟（夫婦ともに年収７００万円以上の世帯ともいわれている）と呼ばれる層が多く居住しています。特徴的なのは、彼らの中には、もともと富裕層に生まれたわけではなく、自身の努力で受験や就活を突破し、成功を摑《つか》み取ってきた人たちもけっこういるということです。

まさに今話題の「タワマン文学」で描かれているような層である彼らは、自身の子どもも偏差値の高い学校から名門大学に進学し、やがては一流企業に就職したり、難関国家資格を取得したりしてくれることを少なからず望んでいると思います。

一昔前は、小5から対策すれば間に合うとされていた中学受験ですが、現在では相当適性のある子でなければ、小4や小3のうちから入塾しないと難関校への合格は難しいとすらいわれています。それほどまでに熾烈《しれつ》な競争が繰り広げられているのです。

御三家や新御三家、早慶附属クラス以上の難関校の椅子《いす》は、男女合わせておよそ4000脚。入塾した段階では、ほとんどの家庭がこれらのどこかに入れたらなあと、うっすら考えているはずです。中学入試は、この限られた数の椅子を目指して約5万人（公立中高一貫校も含めると約6万人）が参戦する〝ゲーム〟なのです。

実際、中学受験で第一志望に合格できるのは、男子は「4人に1人（25％）」、女子は「3人に1人（33％）」といわれています。裏を返すと、男子の4人に3人（75％）、女子の3人に2人（67％）が第一志望に入ることができません。首都圏の小学生の5人に1人がこの「過半数が負けるゲーム」に参戦し、毎年激戦を繰り広げているわけです。

中学受験においては、効率的な勉強で偏差値を高めることももちろん大切なのですが、それ以上に重要なのは「受験校選び」です。なぜならおもしろいことに、同じ偏差値であっても教育内容や校風がまったく違うからです。たとえば、男子御三家の麻布と開成、女子御三家の桜蔭《おういん》と女子学院など、偏差値にはそこまでの差がなくても校風や生徒の性質はだいぶ異なります。

興味深いたとえ話があります。女子最難関校の各生徒が歩く道端に空き缶があったとき、桜蔭生は読書に夢中で空き缶に気づかず、女子学院生はその空き缶で缶蹴りを始め、雙葉《ふたば》生はそっと拾ってゴミ箱に捨てに行き、豊島岡《としまがおか》生は競って取りに行く、というものです。

これらの4校はいずれも超難関で、偏差値的にもそこまで変わりませんが（桜蔭だけ頭一つ抜けている）、生徒の性質はここまで違うというのです。

つまり、せっかく難関中学に合格しても、校風について十分な理解がないまま入学してしまうと、入ってから違和感を覚えることもあるということです。大変残念なことに、懸命に努力して入った学校に肌が合わず、不登校になってしまったり、自主退学してしまったりしたといった話は枚挙にいとまがありません。

私は受験界隈の情報にはかなり詳しいのですが、実際に中学受験生に勉強を教えているわけではありません。そのため、国語や算数の勉強法といった受験テクニックについては現場で教鞭《きょうべん》をとっている先生方にお譲りするとして、本書では、入学後に楽しく中学高校生活が送れるかどうかといったところに焦点を当て、読者の皆さんには「学校選びの攻略本」としてご活用いただけたらと思っています。

なお本書では、あくまで首都圏の学校を中心に取り上げ、各学校の具体的特色などを紹介していますが、中学受験のムーブメントが、今後、地方（主に大都市圏）に波及していく流れを読み解く際の〝指標〟にしていただければと思っています。

私が収集した学校データは極めて膨大です。なにしろ4年間ひたすら受験情報を発信し続けてきたのですから。この圧倒的な量の情報は、私だけの楽しみに留めておくべきではありません。たくさんの方々に参考にしていただけるのなら、受験オタクとして望外の喜びであります。

じゅそうけん

目次

第3章 結婚観まで左右する!? 男子校・女子校 vs 共学

第4章 ナマケモノにならないために！　進学校 vs 附属校

第5章

自立心が育つか否か？ 管理型VS自主性重視型

第6章　個性を活かそう！　発達障害の子の受験校選び

本文デザイン・図版　ヤング荘
本文イラスト　金田ゆりあ
DTP　次葉
校正　長谷川万里絵
編集協力　佐野千恵美
プロデュース　矢内東紀

・本書の内容は、著者による情報収集をもとに、著者独自の視点を織り交ぜて構成されています。
・本書掲載の学校解説で紹介した校則等は、あくまで著者による情報収集に基づくもので、学校側の公式見解ではありません。今後の変更もあり得ます。ご了承ください。

第1章

これまでの常識は通用しない！激変する中学受験

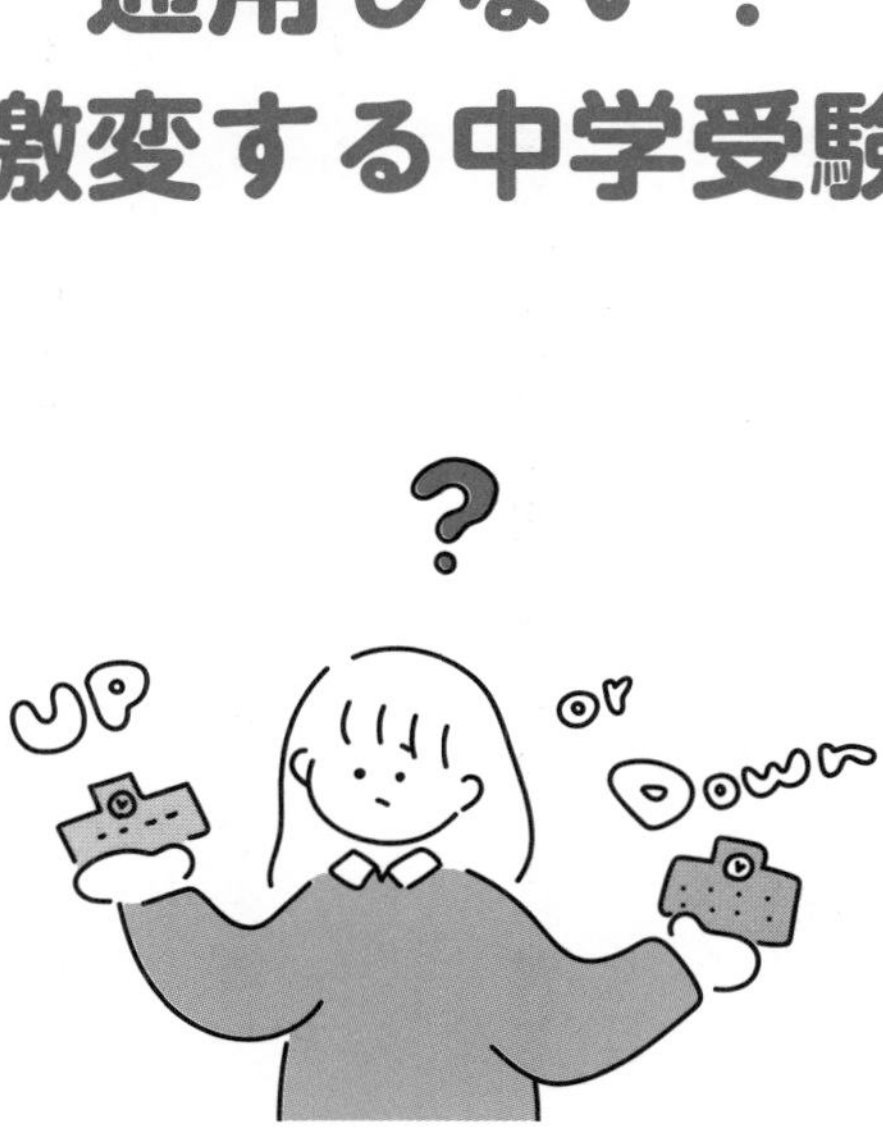

東京23区は30%超え！　年々上昇する中学受験率

中学受験市場は目まぐるしく状況が変わっています。本章では、激変する中学受験と、近年の受験トレンドについて見ていきたいと思います。

各学校の偏差値序列も変わってきていて、皆さんには、本章を読むことを通じて**「学歴観のアップデート」**をしてもらえたらと思います。

本書の冒頭でも述べましたが、最近、**首都圏の中学受験市場がかつてない盛り上がりを見せています**。

前回の盛り上がりは、今から約15年前の2007〜8年頃にありましたが、その直後に発生したリーマンショックによる景気の冷え込みで、一気に参入者が減ってしまいます。そこから7年ほどは受験率低迷が続いていたのですが、アベノミクス効果で景気が回復したおかげか、2016年頃から再び上昇に転じます。そして**2023年度、15年前のピークを上回る過去最高の受験割合を更新**したのです。

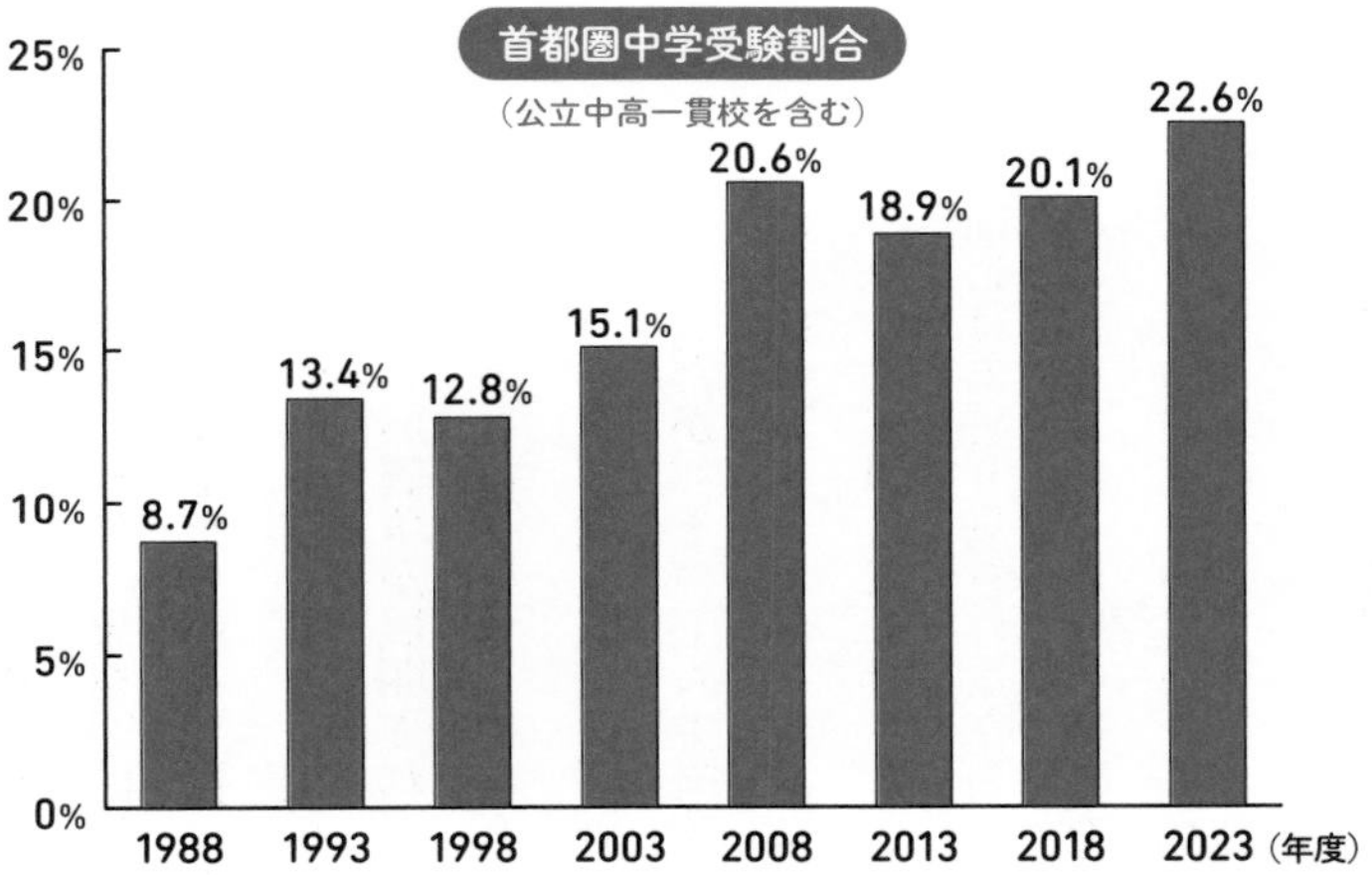

出典：「進学レーダー」2023年8月号（みくに出版）

２０２３年度入試では、私立中学と国立中学合わせて約５万２６００人が受験。（首都圏模試センター調べ）。受験率は17・86％となり、前年から０・56ポイントも上昇しました。ここに公立中高一貫校受験者も加えると６万人以上が受験していることになり、受験率は２割を超えることになります。

上図をご覧ください。１９８８年度からの首都圏中学受験割合（公立中高一貫校を含む）を５年ごとに追ってみると、１９８８年度：８・７％、１９９３年度：13・４％、１９９８年度：12・８％、２００３年度：15・１％、２００８年度：20・６％、２０１３年度：18・９％、２０１８年度：

20・1％、2023年度：22・6％と、最新の2023年度では過去最高を更新しています。特に、東京23区に限っては30％を超えていて、小学生のほぼ3人に1人が中学受験をしている計算になります。

平均受験校数は6〜7校程度で、多くの私立中学の入試倍率は3倍程度と、なかなか厳しい競争が展開されています。全受験生のうち3人に2人が第一志望に合格できないというショッキングなデータもあったりします。

2023年度入試では、御三家や早慶附属などの最難関校が難しいのは相変わらずでしたが、その下の中堅校や、かつては「名前を書けば受かる」といわれたような学校のいくつかが、非常に難しくなっています。

そして、御三家を狙うようなトップレベルの子が中堅校を受験するという、一昔前にはあまり見られなかった現象も発生していて、名門中学の人気は揺るがないものの、そこそこの進学実績を誇る中堅校や、独自のカリキュラムを提供する特色校にも人気が集まっているようです。

実は日本全体で見ると、私立に通っている中学生は全体の約8％と圧倒的少数派なのですが、東京の一部地域ではそんな日本のリアルが信じられないほど、中学受験の割合が高まってきています。特に〝お受験熱〟が高い港区や文京区、目黒区、千代田区などでは全体の約4割が私立中学に進学し、クラスの半数以上の生徒が中学受験をするという小学校も珍しくありません。

これは首都圏に限った話ではなく、**関西に目を向けてみても、2023年度入試では14年ぶりに受験率10％を超えています**。中部地方や九州でも受験者増加の兆しがあり、**このブームは今後全国に波及していく可能性も十分考えられる**でしょう。

大手中学受験塾・四谷大塚の公表では、小学校低学年生や幼稚園児・保育園児が対象の「全国統一小学生テスト」の受験者数は今も増加傾向にあり、特に小学校低学年生が多く受験していることから、今後も中学受験者は増えると予想しています。

その発表によると、「少子化の影響で2024年度の小学6年生の人口は前年から5000人以上（率にして2％）減少しているが、中学受験率は23年度より高まると見られ、厳しい入試は継続している」とのことです。

また、首都圏模試センターも、「受験者数は23年度入試を境に下がると見ているが、合同相談会の参加者は逆に増加していることから、24年度入試の受験者数は23

年度から微減にとどまり高止まりすると見ている」とのことでした。

日本が深刻な少子化に悩まされている中、首都圏の中学受験市場は年々拡大しているのですから、いかに保護者たちが教育熱を燃焼させているかがわかるでしょう。

本書の冒頭でも触れた通り、SAPIXでは**入塾者の低年齢化が進み、小学1、2年生のクラスが満員となっている校舎もある**ようです。最近は落ち着いてきましたが、2年ほど前には白金高輪のSAPIX低学年クラスが満員となり、100人以上の待ちが発生したという話もありました。一昔前はこの塾でも小学3、4年生からの入塾が一般的でしたが、近年は「席が確保できなくなる」という懸念から早期の入塾希望者が増加しているとのことです。

ただ、塾側としては4年生あたりから入塾してくる優秀な生徒用の席を残しておきたいので、低学年の段階では早期に募集を締め切るという事情もあるらしいです。

中学受験率増加の要因としては、都市部の児童数の増加、1990年頃の中学受験ブームを経験した世代が親世代となっていること、1世帯あたりの子どもの数が減って教育費が一人に集中投下されるようになったことなどが挙げられるでしょう。

「(令和8年3月31日までの間に) 直系尊属から教育資金の一括贈与を受けた際の贈与税の非課税」制度が確立されたことも、それに拍車をかけているかもしれません。

この制度は、30歳未満の受贈者(孫など)が、直系尊属(祖父母など)から教育資金の贈与を受けた場合、受贈者一人あたり最大１５００万円までが非課税になるというものです。ここで言う「教育費」には、学校の入学金や授業料のほか、進学塾や英語といった習い事にも適用されます(習い事は５００万円まで)。

この制度を利用し、本来中学受験に二の足を踏んでしまう経済状況にある家庭が、頼りになるおじいちゃんおばあちゃんの存在によって参戦しているというのも十分に考えられるでしょう。


POINT!

◎首都圏の中学受験市場はかつてないほど盛り上がっている

◎２０２３年度の首都圏中学受験割合は22・６％にものぼっていて、過去最高を更新

少子化じゃないの⁉ 実は増え続ける首都圏の児童数

現在日本は深刻な少子化に悩まされています。50年前には200万人を超えていた年間出生数は減少の一途を辿《たど》り、2022年はついに80万人を下回りました。

本書を執筆している2023年秋時点だと、今年は74万人程度になるだろうという見立てで、あまりの減少スピードの速さにただただ呆気《あっけ》に取られるばかりです。

しかし、東京23区に限定してみると、どうやら様子が違います。なんと、**少子化に逆行して児童数が増加傾向にあり、小学校の低学年ほど人口が多いという摩訶《まか》不思議な事態が起こっている**のです。

官公庁や大企業本社が多く見られる中央区や港区の児童数の増加率は大きく、通学や通勤の利便性を重視するエリートファミリー層がこのエリアに多く移り住んできていることがうかがえます。

湾岸エリア（中央区、江東区、港区、品川区など）も劇的に児童が増加している地域の一つです。埋め立てなどによって新しく居住区が広がり、利便性も相まってたく

東京23区は少子化に逆行して児童数が増加傾向にある

さんの〝パワーカップル〟世帯が住むようになりました。このエリアは以前から教育熱が高く、中学受験率も高かったので、この地域に新しく住み始めた層も中学受験渦《か》に巻き込まれたというのが受験者増加の理由だと考えられます。**このエリアでは、小学校によっては7～8割の生徒が中学受験をする**ようです。

湾岸エリアを語るうえで欠かせないのは、いわゆる「タワマン」でしょう。

大型タワーマンションの場合、1棟あたり1000戸以上を抱え、もはや1つの町と言っても差し支えないものもあります。

こうした巨大なタワマンが湾岸エリアに続々と誕生し、それにともなって、子どものいるファミリー層も激増しているのです。

湾岸エリアの一部である芝浦港南エリアは、今から20年ほど前からタワマン建設ラッシュが始まり、2007〜8年には大規模タワーマンション群「芝浦アイランド」が竣工《しゅんこう》しました。現在でも、芝浦・港南地域には続々とタワーマンションが建設されています。

当然、この地区の児童数は激増しています。2003年に1万6500人程度だった年少人口（0歳〜14歳）は、15年後には倍増し、完全に少子化とは無縁な地域となりました。実際、増え続ける児童に対応するため、この地区の小学校は軒並みマンモス校化していて、2022年度より田町駅付近に芝浜小学校が開校していたりもします。

こうした傾向に目をつけた学校側が、**湾岸エリアを中心に「国際」「共学校」というキーワードを並べて、新設校を次々と誕生させています**。

最近話題の芝国際中学高校などはその典型でしょう。この学校は、もともと三田《みた》に所在していた東京女子学園中学高校が共学化し、新校舎にはインターナショナルスクールも入るなど、新しいタイプの学校として注目を集めています。

感度の高いパワーカップル世帯に向けて、英語教育やSTEAM《スティーム》教育（学問領域を超えて思考する力を育む教育）といった、将来の成功と結びつけて考えやすいワードを駆使して伝統校に殴り込みをかけているというのが、現在の中学受験市場のリアルなのです。

POINT!

◎東京23区は少子化に逆行して児童の数が増加傾向にある
◎湾岸エリア（中央区、江東区、港区、品川区など）は劇的に児童が増加
◎湾岸エリアの子どもの7～8割は中学受験をする

男女別学は時代遅れ？　止まらない「共学化」の波

「中高一貫校といえば男女別学だろう」というイメージを持たれている方も多いのではないでしょうか？　ところが、そのイメージは徐々に過去のものとなりつつあります。

たしかに、東大合格者数ランキングで上位に来るような学校は男女別学ばかりです。しかし、**中堅校以下の学校を見てみると、怒濤《どとう》の勢いで共学化ラッシュが起こっている**ことがわかります。

2023年現在、**日本には約4800の高校がありますが、そのうち男子校は99校、女子校は269校しかありません**。割合にすると、男子校約2％、女子校約5・6％となっていて、特に男子校は絶滅危惧種ともいえるほどの〝超絶マイノリティ〟です。

男子校・女子校はこの20年で半減しています。もう、この流れは止められそうにありません。

難関校にも共学化の波は着実に押し寄せてきていて、有名どころだと、早稲田実業（2002）、愛光（2002）、市川（中学、2003）、久留米大附設（高校、2005）、明治大学附属明治（2008）、西大和学園（中学、2014）、桐蔭《とういん》学園（高校、2018）などが挙げられるでしょう。

共学化の理由については第3章でも詳しく解説しますが、共学化を推し進める要因としては、やはり少子化の影響が大きいでしょう。特に私学は生徒を確保したいという思惑もあるので、ターゲットとなる子ども（顧客）の数が減るのは死活問題です。

そのため、共学化することでターゲットが2倍になり、受験生の確保が容易になるということです。いわば経営上の問題ですが、これは民間企業の戦略などと同じ理屈でしょう。

それから、近年は受験生の親子側に共学校を志向する傾向が強くなってきていて、**ここ数年で偏差値を大きく伸ばした学校は共学校ばかりという現状**があります。

日能研偏差値で2017年→2024年の上昇幅が大きいところを見てみると、芝国際（45→57）、三田国際（40→53）、広尾学園（54→63）、大宮開成（46→55）、安田学園（40→49）、渋谷教育学園渋谷（61→68）など、近年共学化に踏み切った中学がずらりと並びます。

反対に、**近年偏差値を落としている学校は男女別学であるところが多い**ようです。特に、女子校の偏差値ボーダーはかなり下がってきてしまっています。

たとえば、神奈川県の女子進学校の日能研偏差値を2017年→2024年で比較してみると、洗足学園（62→64）、フェリス女学院（63→62）、横浜雙葉（57→49）、横浜共立学園（56→49）、湘南白百合学園（55→48）、鎌倉女学院（54→47）と、洗足学園以外は軒並み数字を落としていることがわかります。

ちなみに、神奈川女子御三家は「フェリス女学院・横浜雙葉・横浜共立学園」の3校なのですが、うち2校が偏差値50を下回るという、親世代からしたら信じられない現象が起こっています。

POINT!

◎中堅校以下では共学化ラッシュが起こっている
◎全国約４８００の高校のうち男子校は約２％、女子校は約５・６％のみ
◎ここ数年で偏差値を伸ばしたのは共学ばかり
◎逆に偏差値を落としているのは男女別学が多い

中学受験で最終学歴が上がる？　有名学歴ブロガーの発言を考える

X上で、私が定期的に交流している作家・投資家で有名学歴ブロガーの藤沢数希《かずき》さんは、**中学受験を選択した場合、高校受験を選択した場合に比べて、最終学歴が1ランク上がるかもしれないとの分析**をしています。

その根拠は、雑誌「プレジデントファミリー」2012年6月号（プレジデント社）で取り上げられた、約5万人が受験した駿台《すんだい》全国模試において私立高校と公立高校の生徒ではどれくらい偏差値が違うか、という検証企画でした。高3の成績上位層（偏差値55以上）の結果を見ると、数学は文系で4・5、理系で4・9、英語は文系で3・5、理系で2・9、国語は文系で2・4、理系で1・1だけ私立組が上回る結果に。3科目を平均すると3程度の差ですが、**大学受験の主要科目である英数ではいずれも結構な差が生じている**ことがわかります。1ランクというと偏差値3～4程度の違いであり、これを大きいと見るか小さいと見るかは人それぞれでしょうが、**日東駒専上位がMARCH《マーチ》に、MARCH上位が早慶に、浪人合格が現**

役合格にというふうに考えると、投資した価値があると思えるのではないでしょうか。**同じ能力の子なら、高校受験より中学受験の道を選ぶことで、期待値として1ランク上の学歴を手に入れられるかもしれない**ということですね。大手企業の学歴フィルターはＭＡＲＣＨ・関関同立あたりで設定されていることが多い（私の前職のＭ銀行でもこのラインに設定）ので、日東駒専レベルのポテンシャルの子を中学受験ブーストでＭＡＲＣＨレベルにするということなら、かなり意味がある気がします。

しかし、これが早慶下位学部→早慶上位学部、上智→慶應、京大→東大のようなレベル帯での変化なのであれば、それで就職先なども大きく変わることはなく、**学歴から得られるメリットは投資に見合うとはいえない**気もします。

ただ、あくまでこれは教育にかけた金額と将来得られる学歴・年収のみを比較した「コスパ」に基づく考え方です。より良い環境で学んでほしいといった考えで中学受験をされる方には、こうした考えは少し無味乾燥に映るかもしれません。

ちなみに同氏は、Ｘでの「ＳＡＰＩＸの中央値はＭＡＲＣＨ」との発言で物議を醸《かも》しました。ＳＡＰＩＸはハイレベルなので、私の見立てでは塾出身者の最終学歴の中央値はＭＡＲＣＨ〜早慶上理と見ますが、中学受験に参戦する層全体に広げると中央値ではＭＡＲＣＨに届かないだろう、というのが肌感覚としてあります。

なお、日本の大学進学率を考えると、ＭＡＲＣＨ以上に進学できるのは同世代の上位15％程度で、公立小学校の30人クラスでは上位5番以内に入っていることになります。そもそも現在の日本でも同世代の半数は大学に進学しないですし、日本全体で見ると中学受験をする家庭は1割にも達しません。つまり「中央値ＭＡＲＣＨ」はかなりすごいことなのですが、Ｘでは「そんなものか」という意見も多く、あらためて中学受験組の求めるレベルの高さに驚いてしまいます。

POINT!

◎中学受験をすると最終学歴が1ランク上がるという分析がある

◎私立受験組と公立組とでは、大学受験の主要科目である英数において大きな偏差値の差が見られる

◎日東駒専レベルの子をＭＡＲＣＨにと考えるなら、中学受験に投資する価値はある

高校の募集が続々と停止に！　完全中高一貫化の流れ

首都圏の中高一貫校の多くは、中学受験での生徒募集に加えて高校受験でも生徒を採っているというイメージが、今の親世代には根強く残っているのではないでしょうか。

たしかに、1990年代などは都立高校に勢いがなく、高校受験においても優秀層が首都圏の国私立校に高校から入学するというケースが一般的でした。

しかし**近年、都立高校が息を吹き返してきていて**、高校受験市場の最優秀層が日比谷や都立西、横浜翠嵐《すいらん》といった公立進学校を選ぶ傾向も高まりました。**開成や慶應女子と公立トップ校にダブル合格した場合でも公立を選ぶ**というケースが珍しくなくなったのです。

それにともない、**首都圏の中高一貫校は、開成や筑波大附属駒場といったトップレベル校以外は、次々と高校の募集を停止するように**なりました。

最近では、2021年に本郷、2022年に豊島岡女子学園が高校の募集を停止したことが話題になりました。2021～22年にかけては、都立中高一貫校も軒並み高校募集を停止しています。これは首都圏に限った話ではなく、奈良の名門・東大寺学園も、2024年度入試から高校募集枠をなくすことを表明しています。

優秀層が集まらなくなったというのも要因なのでしょうが、**学校側が6年一貫教育と3年間のみのカリキュラムを両立するのが難しくなった**という理由もありそうです。

実際私は、愛知県の中高一貫校に高校から入りましたが、最初の1年はなかなか大変だったという記憶があります。内部進学組は学習進度が速く、中学時点ですでに高校の学習内容に踏み込んでいたため、私たち高校入学組は別学級に隔離され、1年で怒濤の追い上げをしなければなりませんでした。

人間関係においても、やはり中学組が多数派なところでは、外部進学組はどうしても〝アウェー〟になりがちで、中学組と仲良くなるのに時間がかかった思い出があります。

こうした**学校側の調整の煩雑《はんざつ》さと、生徒同士の「温度差」の事情を考えると、入り口を中学受験だけにして、全員のスタートラインを揃《そろ》えるというのは合理的**だというのも理解できます。

POINT!

◎都立高校のレベルが上がってきていて、有名私立進学校とダブル合格したときに公立を選ぶ人も多くなっている

◎公立を選ぶ優秀層の増加にともない、中高一貫校は高校からの生徒募集を停止しているところもある

これまでの常識はもう通用しない！目まぐるしく変化する偏差値序列

前述したように、今から30年ほど前（1990年頃）にも中学受験ブームが起こっていて、現在子どもの中学受験を検討している親世代には、まさにこの時代に中学受験を経験した方も多くいます。

その時期は、学習指導要領が改訂されたこともあって公教育への不信感が蔓延《まんえん》し、それが多くの家庭を中学受験に向かわせました。この頃には学区制も導入されていて、希望する学校に入学できないことなどから都立高離れが起き、都立高校は軒並み進学実績が低迷（日比谷高校の東大合格者が1名に減ったのもこの時期）。教育熱心な家庭などは、高校受験を忌避《きひ》して中高一貫校を志向するようになりました。

こうした背景の中、当時**必死で中学受験を乗り越えたかつての受験生たちが、2020年代に親の立場となって約30年ぶりに中学受験市場に戻ってきた**のです。

しかし、**1990年代と2020年代の偏差値表をそれぞれ比較してみると、ど**

私立中高一貫校の「勢力図」はものすごい勢いで変化している

うやらかなり様子が違うことがわかってきます。

子どもの受験を機に現在の偏差値表を目にして驚かれた方も多いのではないでしょうか？　私立中高一貫校の「勢力図」がものすごい勢いで変化しているのです。

たとえば、巣鴨中学や桐朋《とうほう》中学などは、この世代の人たちからしたらかなりの進学校だという認識なのではないでしょうか。

巣鴨中学は「男子準御三家」の一角を占め、開成中学残念組のメイン入学先の一つであり、高校は東大や医学部にも大量の合格者を輩出する……（実際、巣鴨高校の1992年の東大合格者数は78名）といったところでしょう。

しかし、今では少しばかり異なった様相を呈《てい》しています。65程度だった日能研の偏差値は55程度まで落ち込み、今では芝中学や本郷中学の後塵《こうじん》を拝し、東大合格者数も、2023年度は「3名」にまで減少してしまいました（そのぶんだけ医学部合格者が増えたというわけでもないようで……）。

〝受験監獄〟とも呼ばれた厳しい校風（褌《ふんどし》での遠泳などスパルタ行事も有名）が敬遠されるようになったというのが噂でよく聞く要因です。

そんな巣鴨の低迷に呼応するかのように、近隣の本郷中学が人気を集めるようになり、そちらに生徒が流れてしまっているという現状もあるようです。本郷中学は、巣鴨とは対照的に自由な校風で知られています。校則や生徒指導はそこまで厳しくなく、あくまで生徒の自主性に任せながら勉強もスポーツもレベルアップしていこうという姿勢が見られます。

このように、**伝統や実績のある名門校であっても、時代の流れとずれたりすると、簡単に優秀層離れが起こってしまう**というのが、中学受験市場の怖いところでしょう。

かつては名門と呼ばれていた歴史ある私立男女別学校たちが、最近できた共学の新興勢力に追い抜かされるという現象は、ここ最近頻繁に起こっていて、名門校も過去の実績や伝統にあぐらをかいてはいられなくなりました。

東京都国立市に所在する桐朋中学も同様です。以前は東大進学校としても有名で、50名以上の東大合格者を輩出した年もありました。しかし、現在は合格者10名前後で推移していて、かつての勢いは見られません。

学区制が撤廃されたことにより、近隣の都立国立高校などの進学校が勢いを取り戻し、そちらに優秀な生徒を取られてしまっているのがその要因だと考えられます。2001年には早稲田実業が桐朋と同じ多摩地区に移転、2005年から設立が開始された都立中高一貫校も同地区にいくつもつくられるなど、桐朋にとっては思わぬ伏兵が次々と現れました。

20～30年前には多摩地区随一の進学校とされていたものの、こうした外部要因によって一気に優秀層を奪われてしまったわけです。

POINT!

◎現在の親世代が受験を経験した頃と今とでは、中高一貫校の「勢力図」はまったく違ったものに変化している

◎かつての名門校、伝統校から優秀層が離れ、偏差値が低下している

あの学校はなぜ伸びた？　躍進した学校の共通点

偏差値が落ちた学校があれば、反対に、躍進した学校もあります。

次章でも取り上げる女子準御三家の**豊島岡女子学園中高（東京）などは、ここ数十年で大きく飛躍した学校の一つ**でしょう。もともとは裁縫の専門学校だったこともあって進学校ではなかったのですが、中学入試日程の調整や、大学受験を意識した抜け目のない学習プログラムの設定によって進学実績が大幅に向上しました。これによって、さらにレベルの高い受験生を獲得できるようになり、**今では日本を代表する進学校**になっています。

2023年度入試における東大合格者数は30名となっていて、桜蔭に次ぐ全国2位（女子校）です。

同じく女子校の**洗足学園中高（神奈川）も大きく偏差値を伸ばした学校**の一つでしょう。小学校は昔から名門でしたが、中高のほうは音大附属のイメージで、受験に強い進学校という印象を持たれている方は少ないのではないでしょうか。

実はこの学校、音楽科を廃止して進学校化に舵《かじ》を切り、今では全員が高3まで数学を履修するようになっています。

2023年度入試の進学実績を見てみると、なんと**22名の東大合格者を出しています**。これは、女子校の中では桜蔭、豊島岡、女子学院に次ぐ4位となっていて、受験界隈にどよめきが起こりました。偏差値の面でも今ではフェリス女学院を上回り、**一気に「神奈川最難関女子校」に躍り出ています**。

男子校では、**聖光学院中高（神奈川）は大きく偏差値を伸ばした学校**でしょう。親世代が中学受験生だった頃から進学校ではありましたが、当時は栄光学園のほうが難易度が高く、聖光学院はこちらに準ずる位置にいました。栄光学園残念組の受け皿的立ち位置でもありました。東大合格者数もこの時期は30～40名程度で推移していて、全国トップ10入りなどはしていません。

しかし、近年進学実績が爆発。2023年度入試では、**東大78名、京大6名、国公立大医学部25名の合格者を輩出**しています（卒業生229名）。

2022年度入試では**91名の東大合格者を輩出**し、「東大・京大・国公立大医学部合格者割合」は灘《なだ》・筑駒《つくこま》に次ぐ全国3位でした。聖光学院が最難関校への合格割合で開成を超えるというのは、数十年前には誰も予想できなかったでしょう。

躍進の要因としては、受験日を2月2日と2月4日に設定し、御三家だけでなく筑駒との併願を可能にしたことや、優秀な教師陣や立派な自習室を揃え、「塾いらずの聖光」と言われるほどの良質な学習空間を提供するようになったことなどが挙げられるでしょう。2004年に〝やり手〟の工藤誠一氏が校長に就任し、それから実施された学びの改革が次々と当たったようです。

入学偏差値は栄光学園と逆転し、現在は神奈川最難関中学として君臨しています。

このように、中学受験市場は栄枯盛衰が激しく、10年もすれば一気に様変わりします。

大学受験であれば、国立大学の「東京一工→地方旧帝大→金岡千広《かねおかちひろ》」、私立大学の「早慶→MARCH→日東駒専」などといった序列はここ数十年不変であり、今後も当面揺らぐことはないでしょう。しかし、中学受験市場では、学校の序列は10年もすると、すっかり変わってしまいます。

無名校が、何かしらの改革をきっかけに大きく躍進したり、昔の人気校が生徒集めに苦心していたりということがざらに起こるので、皆さんも常に〝学歴観のアップデート〟をしておきましょう。受験研究家である私も、目まぐるしく変わる勢力図には日頃から目を光らせています……。

POINT!

◎近年躍進した学校は豊島岡女子学園中高（東京）、洗足学園中高（神奈川）、聖光学院中高（神奈川）など
◎躍進した学校は、受験日程の調整や教育カリキュラムの見直しなどで進学実績を伸ばし、優秀な生徒を集めている
◎日々変わりゆく「勢力図」に目を光らせ、学歴観をアップデートすることが重要

第2章

受験校選びの失敗は人生の失敗につながる！

学校のカラーを無視して受験校を選択すると…

中学受験生や保護者の皆さんの中には、「偏差値が高いこと」「東大合格者数が多いこと」「伝統やブランドがあること」「親族の出身校であること」などといった理由だけで受験校を決めてしまう人が一定数いるようです。

たしかに、進学実績は非常に重要な要素でしょう。親族に医師が多く、お子さんも医学部に行かせたいので医学部進学に強い学校に入れたい、慶應一家で我が子も慶應の附属校に入れたいなどの理由から、保護者が半強制的に進路を決定してしまうケースは往々にしてあります。

しかし、そうした**家庭の内情を優先し、各学校のカラーを軽視した選択によって、入学後に涙を呑むケースは残念ながら毎年発生**しています。

東大をはじめとする難関大学に多数の合格者を出す進学校といえども、その内情はさまざまです。偏差値の高い生徒が集まっているという点はたしかに共通していますが、生徒の性質や雰囲気、学校側の教育方針などは千差万別です。
中学受験塾で同じクラス（同じくらいの学力）だった仲間たちが別々の学校に進学し、6年後に多種多様なキャラクターとなって同じ大学で再会するということはよくある話です。

本書の冒頭でも紹介しましたが、女子御三家＋豊島岡の特徴を言い表したおもしろいたとえ話があります。

女子最難関校の各生徒が歩く道端に空き缶があったとき、

・・・・・・・・・・・・・・・

▼桜蔭生は読書に夢中で空き缶に気づかない
▼ＪＧ（女子学院）生はその空き缶で缶蹴りを始める
▼雙葉生はそっと拾ってゴミ箱に捨てに行く
▼豊島岡生は競って取りに行く

・・・・・・・・・・・・・・・

というものです。

各校の特色を知っている皆さん、言い得て妙と思いませんか？

偏差値は同じくらいでも、それぞれの特徴はかなり異なっていることがおわかりいただけたのではないでしょうか。

本章では、男子校・女子校・共学校それぞれの最難関校の特徴を紹介しますので、各校のカラーをざっと知っていただければと思います（附属校に関しては別章で取り上げる）。

POINT!

◎偏差値のみを重視し、子どもの個性、学校のカラーを無視した受験校選択は絶対にやめたほうがよい

桜蔭中高
同調圧力なしのバイタリティあふれる才女集団

それでは、まずは女子最難関各校の特徴を説明しましょう。

桜蔭は、東京女子高等師範学校（現・お茶の水女子大学）の同窓会組織により設立された、私立中高一貫女子校です。

この学校は言わずと知れた日本最難関女子校で、**女子校では唯一東大合格者ランキングトップ10に30年連続でランクイン**し続けています。「女子御三家」の一つとはいうものの、実際のところ、**進学実績を見るとここが頭一つ抜けています。**

学年の7割程度が理系に進み、いわゆる「女の子は理系分野が苦手」といった世間の思い込みがまったく当てはまらない世界が広がっています。ファッションや男性アイドルなどの話題でキャーキャー盛り上がるような女子たちとは様子が異なり（もちろん一部そういう人もいるでしょうが……）、息をするように勉強をする才女たちが多く集結しています。

同調圧力のようなものもなく、道端の空き缶に気がつかないほど読書に集中し、成果を出す「桜蔭生」

初代校長の「学べや、学べ、やよ学べ」という言葉通り、努力家の秀才が揃っている印象です。生徒たちは突拍子もない行動に出たり、未知の領域を開拓したりするというようなことは少なく、淡々と机に向かっているイメージがあります。

同調圧力のようなものもなく、それぞれが自分の興味ある分野について凄まじい勢いで吸収しているといった感じで、本書冒頭のたとえにもある通り、道端の空き缶に気づかないほど眼前の対象に没頭し、とんでもない成果を出してしまうのが桜蔭生だと想像できます。

しかし、学校側が成績の良くない子に向

けて献身的に補習や学校外指導などを行うことはないようで、**良くも悪くも自主性が重んじられるため、周りについていけない子は自己肯定感が下がりがち**という話も聞きます。

特徴的な受験指導がないにもかかわらず、**目標に向けた努力を惜しまないポテンシャルの高い女子が集まっていることで、学校側の指導方針とは関係なくそれぞれが物事に没頭できる雰囲気が漂っている**ようです。

卒業生を見てみると、元衆議院議員の豊田《とよた》真由子さんや投資家のウルフ村田さんなどバイタリティと激しさを兼ね備えたOGも多く、男性に頼ることなどせず自らの力でキャリアを切り開いていく、たくましい女性が多いようです。

関係者によると、専業主婦になる人は少なく、**医師や弁護士、大手企業でバリバリ働いている人が多い**のだとか。今の時代、彼女たちの存在は多くのバリキャリ女性の希望となっていることでしょう。しかし、経済力があり自立しているからか、未婚率・離婚率が高い傾向にあるようです。結婚相手を考えたときに、特に「女は男を家で支えるべし」という価値観を持つようなタイプとの相性は最悪かもしれませんね。

２０２３年の進学実績を見てみると、東大72名、京大６名、国公立大医学部50名、早慶２５１名など、目を見張るような成果を残しています（卒業生２３１名）。

> じゅそうけん
> @jyusouken_jp
>
> 名門中高一貫校紹介「桜蔭中高」
>
> ・「息を吸うように勉強する」天才少女たちが集う
> ・現在のお茶の水女子大学卒業生の会「桜蔭会」により設立された
> ・「女子御三家」の一角、進学実績はダントツ
> ・学年の約３分の１が東大進学
> ・2022年東大理三合格者数全国１位（13名）
> ・保護者の世帯年収がやたら高い（父親の職業は医者、大学教授、官僚が多い）
> ・近年制服にスラックスを採用
> ・菊川怜、豊田真由子、水森亜土、ウルフ村田ら著名OG多数
> ・校舎の隣にタワマン建設が計画され物議を醸している

女子学院中高
自分の意見をしっかり持つ個性派集団

1870年に設立された「A六番女学校」を起源とする、プロテスタントのミッションスクール（中高一貫校）です。

通称は「JG」で、こちらもかなり独特な校風であることで知られています。

この学校はキリスト教の精神を土台にした豊かな人間性、そして高い理想を持って自立した女性を育てることを目指しています。

圧倒的に自由な校風で、個性を重視する雰囲気のようです。御三家3校の中で最も自律的な生徒が多い印象を受けます。

校則はほとんどなく、校章バッジを身に付けること、指定の上履きを使用すること、学校にいる間は無断で外出しないこと、校外活動は届け出をすることの4つさえ守っていればOKらしく、服装や髪形、化粧をするのも自由とのこと。

ここの生徒は女子にしては珍しく、群れることを嫌う傾向も。男子御三家と比較すると、最も似ているのは麻布でしょうか。

討論や表現を行う場が積極的に設けられ、自分の意見を持ち、物怖じせずガンガン発言する女子が多いようで、「空き缶を見つけたら缶蹴りを始める」というJG生の特徴がなんとなくわかってきたのではないでしょうか。

こうした女子学院カラーの原点は、初代女子学院院長の矢嶋楫子《やじまかじこ》さんだと言われています。矢嶋さんは「肥後の猛婦」と呼ばれるほどバイタリティあふれる人物で、経歴を見ると非常に破天荒な人生を送った人であることがわかります。婦人参政権を求めてエネルギッシュに活動していて、女子学院院長就任後もその勢いが止《とど》まることはありませんでした。70代で渡米してルーズベルト大統領と会見し、女性活動家としての一面も見せるなど、枠にとらわれない女性でした。彼女の生き様が、今の学校のカラーに反映されている気がしてなりません。

2023年の進学実績を見ていくと、東大27名、京大6名、国公立大医学部14名、早慶220名など素晴らしい結果を残しています（卒業生214名）。

東大や医学部といった高偏差値大学を必ずしも全員が目指すわけではなく、美大や音大に進学する人も例年多いです。やはり**中受難関校なのだから高偏差値大学へ、といった刷り込みに縛られず、違う分野に活路を見出す生徒が多いのも、型にはまらないＪＧ生らしい一面**だなと思う次第です。乃木坂46の池田瑛紗《てれさ》さんも女子学院のＯＧで、アイドル活動をしながら東京藝大に合格しています。

> じゅそうけん
> @jyusouken_jp
>
> 名門中高一貫校紹介「女子学院中高」
>
> ・女子校
> ・最寄駅は「麹町駅」
> ・通称は「JG」
> ・女子御三家の一角
> ・服装髪形化粧等自由
> ・多数の女性アナ、ゆづか姫、池田瑛紗（乃木坂46）を輩出
> ・校歌の100倍くらいの頻度（練習込み）でハレルヤを歌う
> ・入試時、面接待ちの昼休みにお楽しみ係（高2）がミニゲームをしてくれる
> ・芦田愛菜が辞退

雙葉中高

非競争主義・調和と協調性が養われるお嬢様学校

カトリックの精神に根差した教育を行う、私立女子中高一貫校です。フランスのサンモール修道会（現・幼きイエス会）の修道女により1875年に設立された「築地語学校」が母体となっています。

この学校はほかの御三家とは異なり、附属の幼稚園、小学校が併設されています（幼稚園で約50名、小学校で約40名、中学校で100名が外部から入学）。中学受験を経て入学しても、幼稚園や小学校からのエスカレーター組と机を並べることになり、全員横並びのスタートというわけではありません。

バックグラウンドがやや異なる生徒たちが共存するぶん、**人間関係にも気を遣う必要があり、お互いを尊重する協調性が養われそうです。上下関係もしっかりしているようで、礼節をわきまえることが重要**になるようです。

校則は女子学院などと比較すると厳しく、制服や靴は指定され、校内でのスマホの使用や漫画の持ち込み、染髪などは禁止されています。学校にいる間はスマホを袋に入れてカバンの中で保管することが義務付けられ、試験中にスマホが鳴ったらその科目は0点扱いになるとも聞きます。

「品性のある女性であること」が教育理念に掲げられていて、生徒たちは服装や態度などにおいて、雙葉生としてふさわしいかどうかが常に問われることになります。そのため、制服を着崩したり、特異な髪形にしたりする生徒はほとんどいないようです。「躾《しつけ》」という漢字は「身が美しいと書くのだ」と教師陣から伝えられるのだとか。

この学校は**競争主義ではなく、一人ひとりの個性を伸ばす教育**を心がけています。「人と比べない」をモットーにしているため、能力別のクラス編成やテストの順位公表などは行われないようです。SAPIXや日能研で切磋琢磨《せっさたくま》して入学してきた中学受験組は、特に驚くことが多いかもしれませんね。しかし、熾烈な受験を勝ち抜いてきた外部生（中学受験生）は、内部進学生からリスペクトされるといいます。

ボランティア活動にも積極的に取り組んでいて、「空き缶が落ちていたらそっと拾ってゴミ箱に捨てに行く」というたとえもうなずけますね。

学校側は、生徒の進路などには一切口出しをしないようです。「自らの使命は何かと自問自答させ、進路を考えさせること」を重視し、必ずしも難関大学に進学する必要はないというスタンスだといいます。

そのため、受験勉強を全力でサポートしてほしいというタイプには、この学校は向かないかもしれません。

とはいえ、数学や英語では定期的に小テストが実施されるなど、学習習慣が身につくように指導を行ってくれるようです（赤点、再テストなどは一部の教科しかない）。

2023年の進学実績に目を向けてみると、東大13名、京大2名、国公立大医学部8名、早慶123名などの結果を残しています（卒業生166名）。

出身者には、アナウンサーの高橋真麻《まあさ》さん、お笑い芸人のいとうあさこさん、ウーバーイーツ元日本代表の武藤友木子《ゆきこ》さんなどがいます。

豊島岡女子学園中高
スパルタ教育で難関大合格を狙う新興勢力

この学校は「ここ数十年で最も躍進した女子校」といっても過言ではないでしょう。もともとは裁縫の専門学校（女子裁縫専門学校）で、大学進学を見据えた教育などは行っていませんでした。当時は東大を目指すような学校ではなかったとOGは口を揃えて語り、現在の超進学校ぶりが信じられない様子です。

1989年に入試日程が2月1日から2月2日に変更されたことで御三家の滑り止めで受験する人が集まるようになり、そこからじわじわ実績を上げてきたという経緯があります。そしていつの間にか御三家に匹敵する偏差値となり、**今となっては御三家とダブル合格した場合でも豊島岡を選ぶケースが増えてきた**といいます。

本書の冒頭で紹介したたとえの通り、**競争心があり負けん気の強い生徒が多い印象**です。桜蔭に落ちて入学してきた生徒も少なくなく、大学受験に向けてリベンジに燃えている生徒も多いようです。

基礎学力を定着させるための小テストが毎月実施され、合格点が取れなければ何度も追試を受け続けることになります。生徒たちも、テスト前に自主的に集まって勉強することが多いようです。中1から徹底的に基礎学力を叩《たた》き込まれた中学受験組は非常に学力が高く、高校から入ってきた高校受験組を圧倒するといいます。中高一貫といえば、高校受験がないために中だるみしてしまうイメージがあるかと思いますが、スパルタなこの学校では、その常識は当てはまらないようです。

近年、中学受験組と比較して成績が芳《かんば》しくなかったからなのか、高校入学者の募集を停止し、さらに早慶MARCHなどをメインで狙う私立文系向けクラスも廃止するなど、**学校側の、東大や医学部への合格率をさらに高めたいという野心を感じます**。競争を好まず調和を重視する雙葉とは真反対のスタンスですね。

こういったスパルタ式の学校ですから、競争心が強くなく、受験で高みを目指したいといった野心のないマイペースな生徒が入学した場合、あまり馴染《なじ》めないということもあるかもしれません。

実際、私の知り合いにこの学校を中退した経験のある人がいますが、彼女も「ギラギラした雰囲気が自分に合わなかった」と話していました。

2023年の進学実績を見てみると、東大30名、京大13名、国公立大医学部25名、早慶259名といった結果を残しています（卒業生332名）。

この学校は**東大や早慶だけではなく医学部受験にも非常に強いことに定評があり、2022年は国公立大・私立大合わせて213名が医学部に合格しています。これは偏差値日本一の女子校である桜蔭をも凌駕《りょうが》する数字**です（桜蔭は164名）。

> じゅそうけん
> @jyusouken_jp
>
> 名門中高一貫校紹介「豊島岡女子学園中高」
>
> ・女子校
> ・最寄駅は「東池袋駅」
> ・女子新御三家の一角
> ・近年劇的に進学実績を伸ばしている
> ・コーラス部が名門（東京五輪の開会式にも登場）
> ・朝に裁縫（運針）して集中力を高める（かつて裁縫の専門学校だった名残）
> ・夏木マリ、asuuを輩出
> ・2022年から私文クラス廃止
> ・高校入学者募集も停止
> ・校舎は8Fまである
> ・階段がきつい
> ・2023年は東大30名、国公立大医学部25名、早慶259名合格
> ・中受が終わり階段を降りると“次は東大”と書かれたクリアファイルが配布され、そのまま某塾に指定校枠で申し込みに行く

開成中高
意外に体育会系!? 帰属意識の強い秀才集団

ここまで女子最難関校の特徴を述べましたが、男子校も見ていきましょう。たとえば、同じ御三家でも開成と麻布などはかなり校風が異なることが知られています。開成を狙える偏差値でありながら、「あえての麻布」を選ぶというようなことはよくある話です。

開成は**日本で最も東大生を輩出する、言わずと知れた〝東大進学校〟**で、1981年度より、**42年連続で東大合格者数全国1位**を取り続けています。この圧倒的な進学実績から、生徒たちは勉強ばかりしていると勘違いする人も多いのですが、実は**かなり体育会系で、上意下達の文化が根付いています**。

私の知り合いの開成出身者曰《いわ》く、「運動ができたりリーダーシップがあったりするやつが尊敬され、勉強は二の次」とのこと。学園生活に溶け込んでいくうちに体育会系マインドが醸成されるのでしょうか。

「開成」は先輩が後輩の面倒をしっかり見る

やはり、このマインドが強化されるのは、入学して最初の行事となるボートレースの応援と開成最大の行事・運動会でしょう。運動会は全生徒を8つの組に分け、それぞれの組の対抗で大いに盛り上がります。学年縦割りの構造になっていて、高3が中1から高2までを指導します。入学したばかりでまだ右も左もわからない中1の教室に、強面《こわもて》の高校3年生が大きな声を上げながら入ってくる。運動会や、ボートレースの応援の厳しい指導を受け、「開成生」になっていきます。厳しくもあるが面倒見のよい先輩とともに数々の行事を乗り越え、憧れの先輩たちから学んだ開成イズムを後輩たちが継承していく……。このように、開成では**先輩が後輩に対して本当に面倒見がよく、後輩にも、いちばん誇れるのは先輩だという認識が根付いています**。

柳沢幸雄前校長は、**開成は中1から高3までが共存する「ミニ社会」**であると語っていて、**後輩が先輩からさまざまなことを学ぶのと同時に、先輩も後輩への指導を通して大きく成長していく**とも話しています。12〜18歳という多感な時期、男だけの縦割り社会を経験した開成生たちは、**卒業後も他校出身の生徒と比較すると礼儀正しく、年長者を重んじる傾向が強い**ように感じます。

後述する、一匹狼タイプが多い麻布生とは対照的に、この学校の在校生や卒業生は帰属意識が強く、「群れる」傾向にあります。OBのつながりが強固で、卒業生同士が久しぶりに会うと必ずと言っていいほど運動会の棒倒しの話題になるようです。

勉強に関しては、理科系の部活などに入り、学問と深く向き合う生徒もいるものの、ゲーム感覚で「攻略」を楽しんでいる生徒が多い印象です。負けん気が強く、競争好きな生徒も多いようで、そうした環境で切磋琢磨するのが苦手なのんびりタイプには向かないかもしれません。鉄緑会などのハイレベルな塾に通う生徒が多く、最終的に学年の2〜3人に1人が東大に進学します。

２０２３年度の進学実績に目を向けてみると、東大１４８名、京大９名、国公立大医学部38名、早慶３９９名など、圧巻の結果を残しています（卒業生３９３名）。
開成の卒業生には、現総理大臣の岸田文雄さん、読売新聞グループ代表取締役主筆の渡邉恒雄《つねお》さん、マネックスグループ創業者の松本大《おおき》さん、研究者の落合陽一さん、QuizKnockの伊沢拓司《たくし》さんなどがいて、多方面に逸材を輩出しています。

じゅそうけん
@jyusouken_jp

名門中高一貫校紹介「開成中高」

・最寄駅は「西日暮里駅」
・中学から300人高校から100人入学
・校章の由来は「ペンは剣よりも強し」
・有名OB多数（渡邉恒雄、伊沢拓司、水上颯、落合陽一、岸田文雄etc）
・運動会に命懸ける
・筑波大附属とのボート対抗戦は名物
・東大合格者数42年連続１位（多い年は200人以上合格）
・あの河野玄斗が落ちた

麻布中高

凡庸な優等生お断り！　なんでもありの〝カオス空間〟

こちらは**かなり自由な校風**です。**校則はほとんどなく、極めて自由な空間が広がっています**。

立地も抜群で、港区元麻布に位置する校舎からは、六本木ヒルズや東京タワーも望めます。

生徒会や校則は事実上存在せず、なんでもありな〝カオス空間〟が展開されています。**勉強ができるだけでは尊敬されず、おもしろい遊びを知っていたり、一芸に秀でたりしている生徒が一目置かれる**ようです。点取りゲームが好きで、ひたすら受験学力を極めたいというタイプにはあまり向かないかもしれません。

ガツガツしている感じはなく、どこか斜に構えた摑みどころのない生徒が多いようです。

群れるのを好み、秩序を重んじる開成とは対照的に、群れるのが嫌いで常識に縛られない一匹狼タイプが多いというのが印象としてあります。

「麻布」には校則はほとんどなく、個性が尊重される

私がXの「中高紹介」シリーズで各学校を紹介すると、他校の生徒は純粋に喜んでくれたりするのですが、麻布の生徒は私が知らないようなマニアックな豆知識を追加してきてくれたり、ウィットに富んだ引用ポストを飛ばしてくれることもよくあります。

公立の進学校などに多い、従順で自己主張が苦手な「波風立てないタイプ」はここに入ると面食らってしまうかもしれませんね。

学校側が小テストや補習といった受験指導を積極的に行うわけではなく、受験対策は基本的に生徒それぞれに委ねられています。入学時の偏差値と比較して進学実績が芳しくない年があったり、浪人が多かったりする傾向もあるので、受験を投資のように考えている方々からは「もったいない」という声も上がりますが、私の目には、生徒それぞれが6年間の中で勉強より重要な何かを見つけているように映ります。

とはいえ、**やはりポテンシャルの高い生徒が集まっているだけあって、進学実績は非常に良く、**2023年度入試では、東大79名、京大14名、国公立大医学部24名、早慶239名など輝かしい実績を残しています（卒業生295名）。

ちなみに、この学校は**1954年から69期連続（東大入試中止の1969年を除く）で東大合格者数トップ10を堅持**しています。これは**開成高校を凌駕する大記録**です。

OBも自由な雰囲気を持った特徴的な方々が多く、論客の成田悠輔《ゆうすけ》さんや宮台真司さん、元首相の橋本龍太郎さん、元自民党総裁の谷垣禎一《さだかず》さん、プロゲーマーのときどさん、謎解きで有名な松丸亮吾さんなど、多方面で活躍する個性的な卒業生を輩出しています。

じゅそうけん
@jyusouken_jp

名門中高一貫校紹介「麻布中高」

・男子校
・最寄駅は「広尾駅」
・屋上からは六本木ヒルズ、東京タワーが望める
・生徒会なし
・校則もなく、授業中の出前、校内を鉄下駄で歩くこと以外は何でもOK
・文化祭実行委員が髪を緑やピンクに染める
・有名OB多数（桝太一、松丸亮吾、成田悠輔、宮台真司etc）
・東大合格ランキングトップ10常連（2023年は79名合格で4位）

私立武蔵中高

コツコツ興味分野を突き詰めていくアカデミック集団

根津財閥初代総帥の根津嘉一郎《かいちろう》が創立した旧制武蔵高等学校を前身とする、私立中高一貫の男子校です。

東京ドーム1・5個分の広大な敷地内には小川が流れていて、キノコや山芋が自生しているなど、都会の喧騒《けんそう》から離れ、ゆったりとした時間が流れている感じもします。

英語劇に取り組んだり、虫眼鏡を片手に広大な自然の観察を行う授業があったりするなど、**体験学習的なものに力を入れている印象**があります。在校生の9割がクラブに所属していて、生徒たちは何かしらに熱中しているようです。

入試に目を向けてみても、理科では（配付物を持ち帰っていいことから）「おみやげ問題」と呼ばれる独特な問いが名物化しているなど、**机上の空論ではなく、しっかりと目の前の事物に向き合おうというスタンス**が感じられます。

麻布ほどぶっ飛んだ人は少なく、開成ほどの帰属意識もなく、**マイペースにコツコツと興味分野を突き詰める生徒が多い**ようです。

この学校では、**受験対策というより研究のような授業が多く、受験勉強は外（予備校）で済ませてくるというのが一般的**です。そのため、**探究心のある生徒が集まっている印象**です。

教員側も、それぞれに「研究分野」を持っていることが多く、それに関連した授業が展開されたり、やがて大学職員に転職する教員もいるのだとか。

２０２３年の進学実績に目を向けてみると、東大21名、京大10名、国公立大医学部８名、早慶１４１名など、まずまずの結果を残しています（卒業生１７１名）。ただ、アカデミックに振りすぎて受験勉強が疎《おろそ》かになったのか、近年の進学実績はあまり芳しくありません。全盛期（１９８０年代）は東大に80名以上合格者を輩出していた年もあり、御三家の中で頭一つ抜けていたのですが、近年は東大合格者数20名前後で推移しています。

上位層の東大志向がなくなり、彼らが京大や国公立大医学部に流れたかというとそういうわけでもなく、シンプルに上位層が取り込めなくなりつつある感じがします。なにはともあれ、今後の復活に期待でしょう。

ＯＢの顔ぶれは非常に豪華で、宮澤喜一《きいち》元首相、現早稲田大総長の田中愛治《あいじ》さんなどもこの学校の出身者です。医療関係者が多いのも特徴で、医学会で名を揚げている人も少なくありません。

じゅそうけん
@jyusouken_jp

名門中高一貫校紹介「私立武蔵」

・男子御三家の一角
・「武蔵高等学校中学校」が正式名称
・都立武蔵は別の学校（紛らわしい）
・宮澤喜一、田中愛治、えびすじゃっぷ森山を輩出
・“おみやげ問題”（配付物を持ち帰っていいことから）と呼ばれる入試問題が名物
・よく入試の算数の答えが634になる
・全盛期は２人に１人が東大進学
・グラウンドの広さは都内随一
・英語劇をガチる
・校内でヤギを飼っている
・全盛期（1980年代）には東大に80人以上合格していた（近年は合格者20名程度）
・武蔵大学を食堂だと思っている

筑波大附属駒場中高
温和な神童たちの楽園

1947年に設立された旧制東京農業教育専門学校附属中学校を源流とする国立の中高一貫校で、**国立の中高では唯一の男子校**です。

こちらは御三家には入らないのですが、実は**首都圏の男子校の中で難易度トップに君臨している〝別格〟の名門校**となっています。

「首都圏の男子校のトップは開成では？」と思われている方も多いでしょう。実際、東大合格者実人数は開成が毎年トップですが、卒業生に占める東大合格者の割合を示す「東大合格者割合」ではこの学校が不動のトップなのです。というのも、開成高校は一学年400名の生徒がいるのに対し、筑駒高校は一学年160名です。

多い年だと、**学年160名中120名が東大に合格することもあるようで、実質「東大附属」とまで呼ぶ人もいる**ようです。**生徒の7割が東大に進学する学校というのは全国を見渡してもこの学校のほかにはありません**。

関西の雄・灘中高と東京の筑駒中高のどちらかが、（進学実績で見た場合の）日本一の進学校であるという見方が受験界隈では常識です。**関東私立トップの開成とダブル合格した場合であっても、ほとんどがこちらに進学**します。

校風に目を向けてみると、**「駒場の自由」「6年間の自由空間」**などと言われるように、**校則はほとんどなく自由な雰囲気で、「ガムを食べない」「校内では上履きを履く」といったルールさえ守っていれば基本的に何をしても問題ない**ようです。

しかし、麻布ほどウィットに富んだ生徒や型破りな試みをする者は少なく、**温和な天才集団が自由な空間の中で互いを尊重し、共存している**という感じでしょうか。

授業のスタイルもかなり独特だといいます。数学オリンピックをはじめとする知の五輪系メダリストや、中学段階で大学レベルの参考書を広げている猛者がざらにいる集団を相手にするのですから、平凡な授業では皆退屈を極めてしまうでしょう。

そこで教師陣は、授業で使う非常に専門性の高いテキストを自作したり、歴史の授業では一つのテーマを何カ月にもわたって掘り下げたりするなど、一般的な公立中高とは異質の授業が展開されているようです。

2023年の進学実績を見てみると、東大87名、京大2名、国公立大医学部22名、早慶168名の合格者を輩出しています（卒業生160名）。

在校生や卒業生の性質に目を向けてみると、競争心が強いタイプはそこまで多くなく、どこかおっとりしたタイプが多いとか。経済界や政界で名を揚げたような情熱的なタイプは少なく、学者や官僚として着実に活躍する人が多いようです。

著名なOBには、元日銀総裁の黒田東彦《はるひこ》さん、評論家の東浩紀《あずまひろき》さん、大王製紙元会長の井川意高《いかわもとたか》さんなど、多種多様な顔ぶれが並んでいます。

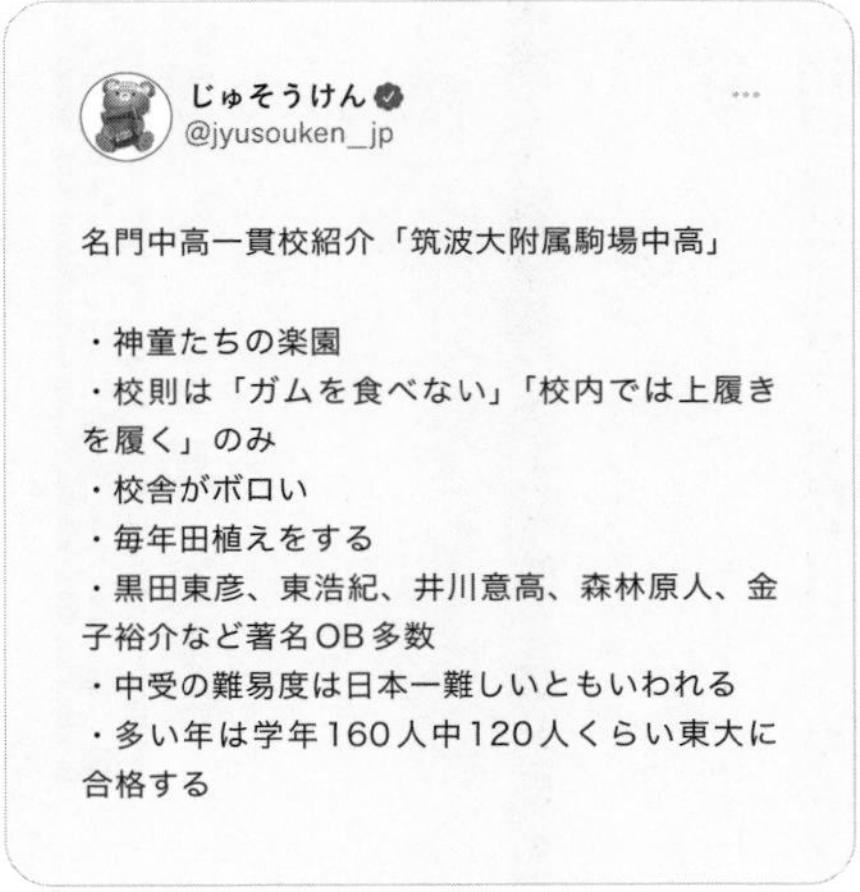
じゅそうけん
@jyusouken_jp

名門中高一貫校紹介「筑波大附属駒場中高」

・神童たちの楽園
・校則は「ガムを食べない」「校内では上履きを履く」のみ
・校舎がボロい
・毎年田植えをする
・黒田東彦、東浩紀、井川意高、森林原人、金子裕介など著名OB多数
・中受の難易度は日本一難しいともいわれる
・多い年は学年160人中120人くらい東大に合格する

渋谷教育学園幕張中高・渋谷中高
自由主義で国際派な〝リア充〟進学校

続きましては、昨今の共学トレンドに合わせて、首都圏最難関共学校の特色も紹介していきましょう。

「近年最も躍進した進学校」として真っ先に名前が挙がるのが、渋谷教育学園幕張中高（通称「渋幕《しぶまく》」）ではないでしょうか。

数十年前には無名校でしたが、2010年代よりメキメキと頭角を現し、**2012年から12年連続で東大合格者数ランキングトップ10入り**を果たしています。

先ほど紹介したような、伝統的な進学校が東大合格者ランキングの上位を独占していたところ、ここ10年ほどで、そのメンツの中にこの学校が食い込んできたわけです。

今では**「開成より渋幕」「桜蔭より渋幕」といった選択をする受験生の親子も増えてきている**といいます。これは、一昔前では考えられなかった傾向です。

渋幕の成功を語るうえで、カリスマ校長（現・学園長）・田村哲夫氏に触れないわけにはいきません。

田村氏は麻布中高の出身で、東大法学部を経て住友銀行（現・三井住友銀行）に入行。その後、父親が経営していた学校法人渋谷教育学園に入職することになります。田村氏は、中高6年間を過ごした麻布学園での学生生活が自身の人生にとても大きな影響を与えたと感じていたようで、〝麻布の共学版〟をつくることを目標に掲げるようになりました。

田村氏は渋幕について、**「一人ひとりの個性を大切にする教育方針を貫きました。とにかく自由な雰囲気で、新しいことに挑戦する生徒を応援する風土ができあがっている」**と語っているようです。

この学校では「自調自考」という教育理念を掲げていて、これは「自ら調べ、自ら考える」ことを指します。やはり、麻布流の教育スタイルが持ち込まれているのを感じます。さらに田村氏は、この理念に基づいた「学園長講話」を80代後半の年齢になった今でも行っています。中1～高3それぞれの学年に見合ったテーマを設定し、毎学期、直接生徒に語りかけています。

麻布流とは言ったものの、本家の麻布と大きく違うのは、この学校は「共学校」であるという点でしょう。麻布のような男子校ノリはなく、圧倒的に自由な環境で優秀な男女の生徒が共存しています。

受験指導に目を向けてみると、**完全放任ではなく、きめ細かな学習カリキュラムが特徴**です。中高6年間を3ブロックに分け、各段階に応じた詳細なシラバスが用意されています。英語教育にも非常に熱心で、英会話の授業はすべて英語で行われます。英語によるプレゼンの機会も多く設けられ、まるで大学の授業のようです。

田村氏が起こしたミラクルによって、この学校と、このあと紹介する「渋渋」は、数十年で受験業界における「伝説」を生むことになります。実際、渋谷学園の成功は「渋幕・渋渋の奇跡」と呼ばれ、今でも語り継がれているのです。

2023年の進学実績を見てみると、東大74名、京大12名、国公立大医学部38名、早慶373名の合格者を輩出しています（卒業生349名）。著名なOB・OGには、俳優の田中圭《けい》さん、アナウンサーの水卜麻美《みうらあさみ》さん、医師ユーチューバーのドラゴン細井さんなど、エンタメ系の有名人が多い感じがしますね。

> **じゅそうけん**
> @jyusouken_jp
>
> 名門中高一貫校紹介「渋谷教育学園幕張中高」
>
> ・近年最も勢いのある中高一貫校の一つ（共学では日本一？）
> ・田中圭、水トアナ、ドラゴン細井など著名OBOG多数
> ・教育目標は「自調自考」
> ・英語、化学の授業のレベルがありえんぐらい高い
> ・創設者の田村学園長（麻布出身）は新設の際「千葉の麻布をつくる」と周囲に宣言していた
> ・昭和学院秀英中高と隣接している（ここ30年で偏差値逆転）
> ・近年は東大合格者数TOP10常連
> ・2023年は東大74名、国公立大医学部38名、早慶373名合格
> ・入試の日、保護者の車で渋滞が起こる

次は、渋谷教育学園渋谷中高です。

先ほども少し触れた通り、こちらも学校法人渋谷教育学園が運営する共学校です。以前は、渋谷女子高校というギャル御用達の学校だったのですが、１９９６年に田村氏の手で「渋渋」としてリニューアル。田村氏の渋幕成功の実績もあり開校当初から爆発的な人気で、**20年もしないうちに首都圏有数の進学校に変貌**しました。

国際色豊かな「渋谷教育学園渋谷中高」

「国際人としての資質」が教育理念として掲げられていて、帰国子女の募集も積極的に行っています。**国際色豊かな環境で明るく活発な男女たちが集い、〝リア充〟な雰囲気が漂っている**かのようです。

帰国子女が多いこともあって、模擬国連部や英語ディベート部が多くの賞を受賞し、彼らの中には海外の名門大学に羽ばたいていく者もいます。

高校入試も実施している渋幕とは違い、この学校は入り口が中学入試しかない完全中高一貫校です。一学年も200人程度と渋幕の半分ほどで、学年の結束力もひとしおです。

こちらでも「自調自考」の理念が重要視

され、**非常に自由な校風**のようです。

２０２３年の進学実績を見てみると、東大40名、京大7名、国公立大医学部11名、早慶２０４名など、全国トップクラスの結果を残しています（卒業生２０１名）。

近年の進学実績の順調さから、２０２２年より鉄緑会指定校（入塾試験なしで入れる）に認定されています。

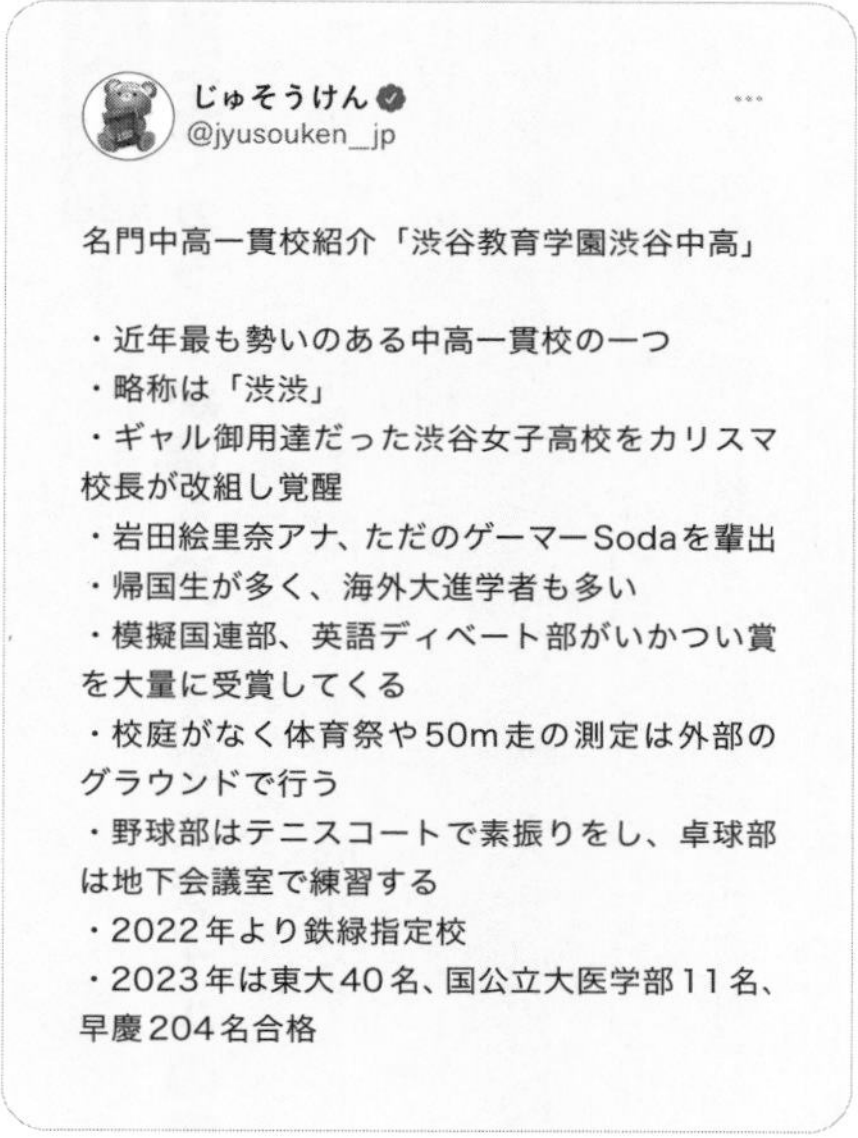
じゅそうけん
@jyusouken_jp

名門中高一貫校紹介「渋谷教育学園渋谷中高」

・近年最も勢いのある中高一貫校の一つ
・略称は「渋渋」
・ギャル御用達だった渋谷女子高校をカリスマ校長が改組し覚醒
・岩田絵里奈アナ、ただのゲーマーSodaを輩出
・帰国生が多く、海外大進学者も多い
・模擬国連部、英語ディベート部がいかつい賞を大量に受賞してくる
・校庭がなく体育祭や50m走の測定は外部のグラウンドで行う
・野球部はテニスコートで素振りをし、卓球部は地下会議室で練習する
・2022年より鉄緑指定校
・2023年は東大40名、国公立大医学部11名、早慶204名合格

筑波大附属中高

内部生と外部生でカラーが違う!?　大学スタイルの教育環境

「筑附《つくふ》」の通称で知られる、共学の国立中学校・高校です。高等師範学校の流れを汲《く》み、１２０年以上の歴史があります。

　ここでは小学校受験、中学校受験、高校受験と入り口が何段階も設けられていて、それぞれの入学者のカラーは少しずつ異なるとのこと。学年の3分の1を占める「スー内」（スーパー内部生）と呼ばれる小学校上がり組は純粋で人懐っこい生徒が多く、人もいいようです。中学入学組は優秀な粒ぞろいで、高校受験組は真面目でコツコツ努力型が多いとのこと（内部生情報）。

　こうした**いろいろな段階で入学してくる男女生徒の共存の場なので、それぞれの個性を尊重する傾向**にあります。公立校ではよく見られる「陽キャ」「陰キャ」といった暗黙の差別もほとんど見られないようです。

　附属の中学までは規律もある程度厳しく、制服もあるものの、**中学までに自律を学び、高校から打って変わって自由になる**とのこと。学校側の**受験のサポートはほ**

中学までは厳しく、高校は自由な「筑附」

とんどなく、学習管理や受験対策は生徒個人に任せられているようです。

授業は予備校のような一方通行型ではなく、**参加型のアクティブラーニング的なスタイルが取られることが多い**ようで、大学の講義のような印象を受けます。

この学校は明確な目標がある人にはおすすめですが、何をやりたいのか定まっていない人にとっては漫然と時間が流れてしまう可能性もあり、もう少し面倒見のよい中学に進学したほうがいいかもしれません。

実際、学校の授業だけでは受験対策として十分ではなく、**東大クラスの大学を狙う人はこぞって鉄緑会などの塾に通うようです。「受験対策は外で」スタイル**ですね。

２０２３年の進学実績に目を向けてみると、東大29名、京大６名、国公立大医学部17名、早慶１７８名など、申し分のない結果を残しています（卒業生２４２名）。出身者は、小説家の永井荷風《かふう》、星新一、元首相の鳩山一郎、政治家の片山さつきさんなど、現代史に名を残す逸材も多方面に輩出しています。

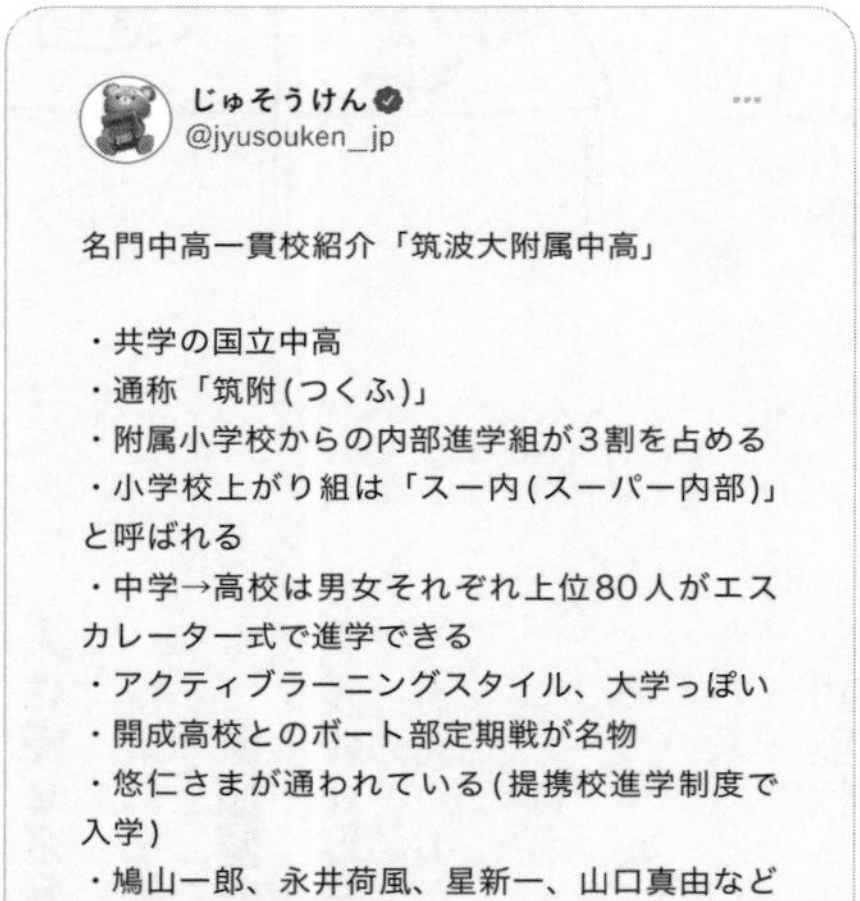
じゅそうけん
@jyusouken_jp

名門中高一貫校紹介「筑波大附属中高」

・共学の国立中高
・通称「筑附（つくふ）」
・附属小学校からの内部進学組が３割を占める
・小学校上がり組は「スー内（スーパー内部）」と呼ばれる
・中学→高校は男女それぞれ上位80人がエスカレーター式で進学できる
・アクティブラーニングスタイル、大学っぽい
・開成高校とのボート部定期戦が名物
・悠仁さまが通われている（提携校進学制度で入学）
・鳩山一郎、永井荷風、星新一、山口真由など著名OBOG多数
・2023年は東大29名、京大6名、国公立医学部17名合格

偏差値に踊らされない受験校選びをするために

最難関クラスでなくても、同レベル帯の学校を並べてみると、各校の特色は全然違うといったことはざらにあります。

本書の冒頭でもお伝えしたように、**せっかく難関中学に合格しても、各学校の特色をよくわからないまま入学してしまうと、場合によっては不適応を起こしてしまうこともある**のです。不登校になったり、退学してしまったりするケースもよく耳にします。

私の身近にも、控えめでマイペースな性格の女の子が、行事も勉強も部活も全力！というようなエネルギッシュなリア充系共学校に入学したものの、まったく馴染めないまま不登校の末に退学してしまったというケースがありました。彼女はその後もその学校でのトラウマを引きずり、社会復帰するのに多くの年月を要しました。

このように、自分にまったく合わない環境で不適応を起こしてしまい、精神疾患を患ってしまったり、非行に走ってしまったりしたら、もう東大だの医学部だのと悠長なことを言っている場合ではなくなります。

釈迦《しゃか》に説法かもしれませんが、**偏差値や進学実績に踊らされず、子どもの特性を冷静に見極めたうえで受験校選びをすることは本当に大事**なのです。

POINT!

◎偏差値には変わりがなくても、学校の特性はまったく違う

◎せっかく名門校に入学できても、中身をよく検討しないと学校に適応できないことがある

◎子どもの特性と学校の特性をよくよく見極めて、受験校を決定するべし

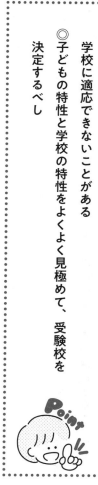

第3章

結婚観まで左右する!?
男子校・女子校
vs
共学

なぜはやっているのか？　加速する共学化ブーム

第1章でも述べた通り、**近年激しい「共学化ブーム」が起こっていて、続々と伝統的な男女別学校が共学化**しています。

2023年現在、日本には約4800近くの高校がありますが、そのうち**男子校は99校、女子校は269校**しかなく、特に男子校は絶滅危惧種ともいえる〝超絶マイノリティ〟だという話をしました。

男女別学校の共学化のニュースは毎月のように公表され、本章を執筆していた2023年10月にも、神奈川の伝統校、鎌倉女子大附属中等部・高等部と、福岡の名門男子校、東福岡高校が共学化するというニュースが飛び込んできたばかりです。

先ほども述べましたが、共学化を推し進める大きな要因としては、やはり少子化が挙げられるでしょう。特に私学は生徒を確保したい（たくさん授業料が欲しい）ため、ターゲットとなる子ども（見込み顧客）の数が減るのは致命的な問題です。

そのため、共学化することで対象者を単純計算で2倍に広げ、受験生確保を容易にするというのは、まさに民間企業的な判断といえるでしょう。

男女別学校から共学校にリニューアルする際には、学校名やコンセプトをまったく新しいものにし、新たなブランドイメージの確立を試みるところも多いです。共学化と同時に大学の傘下に入って系列校になったり、国際教育やSTEAM教育を新たに打ち出したりするところもよく見られますね（2007年の広尾学園の共学化、1996年の渋谷教育学園渋谷開校〈元渋谷女子高校〉などはまさにこの成功例）。

それから「男女は平等である」といった社会的な意識が強くなってきたというのも、共学化が勢いよく進む要因でしょう。社会にはおよそ同数の男女が共生していて、その縮図であるべき学校が、異性を排除するような偏った空間を提供しているというのはどうなのかという声は、年々大きくなってきている気がします。

埼玉県などは、進学実績の良い公立進学校は男女別学校ばかりという現状があります。これを受けて、2023年夏、埼玉県男女共同参画苦情処理委員が、男女別学となっている県立高校について、共学化が早期に実現されるべきだと県教育委員長に勧告したというニュースがありました。

たしかに、特に公立学校においては、公共性の観点からも性別に基づいて異なった取り扱いをするのは問題だというのは理解できます。**受験生保護者の間でも、男女別学校忌避の風潮が広がっています**。同性しかいない中で勉強や部活に打ち込むのはもう古く、男女が共存する環境で学力以外の人間性や社会性を育てていくべきだというトレンドが年々高まってきています。

こうした社会的背景に加え、特に**男子校出身者は将来女性とのコミュニケーションにおいて苦労する傾向にあったり、生涯未婚率が高くて短命だったりする**というデータもあるようで、弊害も明らかになりつつあります。しかし、**異性の目を気にせず好きなことに没頭できる、かけがえのない一生の友達に出会えるなどといったプラスの側面も大きい**でしょう。男子校出身者に聞くと、自虐を混ぜながらも、その多くが「(男子校は)最高だった」と口を揃えるのが印象的です。

ちなみに、私がXで共学化ブームについて取り上げると、いつも男子校特有の自虐ネタを飛ばしていく中高一貫男子校の生徒(出身者)から「共学化させないでくれ!」とたくさんコメントがきます。彼らの帰属意識の強さや母校愛を垣間見た気がして、このまま日本から男子校を一掃してしまうのも逆に寂しいなあと思った次第です。

本章では、そんな共学校・男子校・女子校のメリット・デメリットについて、それぞれ具体例を織り交ぜながら紹介していきたいと思います。

POINT!

◎共学化が進む要因には、少子化によって生徒の数を確保しにくいといった理由もある
◎受験生保護者にも男女別学校を避ける風潮がある
◎特に男子校出身者は、将来さまざまなデメリットがあるとのデータもある

大学や会社で有利に!?　共学校進学のメリット

共学校に進んだ場合のメリットの中で最大の要素は、やはり**男女が共生する社会と同じ状況を経験できる**という点でしょう。

当然ですが、社会に出たらよほど特殊な職場でない限り、男女が力を合わせて仕事をしていくことになります。そのため、社会の縮図ともいわれる学校生活において男女混合の状況を経験しておくことで、その後必ずや経験する**男女共生社会にもスムーズに適応することができる**のです。

やはり、男女ではコミュニケーションの取り方や仕事の仕方に多少の違いが見られます。共学であれば日々の学校生活の中で、別学ではわからない異性の勉強スタイルなどがわかるようになります。そして、そうした側面を見ることで異性の一面をリスペクトするようになり、良いところは取り入れようとするなど、相乗効果が生まれることも多いでしょう。

私ごとで恐縮ですが、高校時代に毎日コツコツとノルマを決めて勉強する女子生

「共学校」出身者は大学や会社でもスムーズに立ち回れる傾向にある

徒を見て、自分も彼女を見習って毎日しっかり勉強しなければと思い直した経験があります。こうした学びを与えてくれる異性の存在はかなり貴重だといえます。

共学出身者は男子校出身者と比較してバランスがとれた人材になることが多く、特に**日本の伝統的大企業のような組織に適合しやすい**という印象もあります。

私が以前勤めていたM銀行でも、共学の進学校出身者は男女どちらとも適切な距離感でコミュニケーションを取り、社内調整のようなことも得意だったと記憶しています。男子御三家出身の同僚もいましたが、彼らはいわば専門職向き人材（全員抜群に頭が良かった）で、バランスの良い総合職人材は少なかったように思います。

6年間男女で力を合わせて行事や受験を乗り越えてきた共学出身の彼らは、やはり**大学でのサークル活動や会社組織においてもスムーズに立ち回れそう**です。

それから、やはり中高時代に**恋愛を経験できるチャンスが多い**というのも大きいでしょう。共学校でも校則が厳しい学校では恋愛禁止のところもありますが、多くの共学校では男女の恋愛模様もよく見られ、失恋などさまざまな経験をしながら、それを今後の人生に活かしているようです。

多感な時期に異性と過ごし、互いに成長していく過程を見ていく中で、両者の理解が深まり、異性の考え方や行動習慣を知り、理解することができるようになるのだと思います。

お見合い文化が後退し、自由恋愛市場の中で自力で配偶者を見つける必要性にも駆られる今、〝場数を踏むこと〟が重要な恋愛を早い段階から学んでおく意義はあると思います。先ほどから述べているように、特に男子は、男子校を選択すると将来の恋愛・結婚から遠ざかるということがデータでも明らかになってきています。

皆さんも、こちらに関しては子どもの今後の人生も考えたうえで、慎重に進路を検討する必要がありそうです。

POINT!

共学校のメリット

◎早くから男女が共生する社会と同じ状況を経験することで、大学や会社の環境にスムーズに適応できる力が身につく

◎日々の学校生活から異性との違いや異性ならではの良さを感じ、多くのことを学べる

◎恋愛を経験できるチャンスが多く、その後の恋愛や結婚観にも大きく影響する

男女トラブルで学力低下も？　共学校進学のデメリット

〝リア充〟イメージのある共学校ですが、デメリットとしては**「男女双方に合わせた授業がしにくい」**という点が挙げられるでしょう。男女では脳の成長曲線が違うともいわれ、**一律の授業で双方に最適な授業を展開するのは難しい**という見方もあるようです。実際、海外に興味深い研究結果があります。

ロンドン大学のクリスチャン・ダストマン教授らが韓国の学校で実施した研究によると、**男女別学校から共学校へと転換した場合、男女ともに大学修学能力試験（日本でいうところの共通テスト）の結果が悪化**したことがわかりました。男女ともに成績が別学時と比較して1～2割も低下したのです。

カリブ海のトリニダード・トバゴ共和国を対象にした、ノースウェスタン大学のクラボ・ジャクソン教授の研究も興味深いです。この国では、小学校を卒業したあとに通う中等教育学校のうち、**成績の低い20の男女共学校のみ男女別学へと転換させました**。その結果、**男女ともに大幅な成績の向上が確認された**のです。

一般的に1クラスの人数を減少させることできめ細かなサポートが可能となり、教育効果が高まるのですが、**男女別学化することによって1クラスの人数を30％減少させたのと同じだけの効果が認められた**ということです。

さらに、男女別学化することで非行や妊娠の割合も減り、男子は18歳までの逮捕率が約60％減少、女子は18歳までの妊娠率が約40％も減少したようです。男女別学は教育効果にとどまらず、生活面も大幅に改善させることが明らかになりました。

逆にいうと、共学を選択することで、**学業面で本来のポテンシャルを発揮できなくなったり、異性絡みで心が乱れてしまい勉強どころではなくなってしまったりするケースもあり得る**ということです。

それこそ、私が通っていた高校での話ですが、中学から内部進学してきた非常に優秀な男子生徒がいました。彼は高1のときに同じクラスの女子生徒と恋愛関係になり、周りは微笑ましく見守っていました。しかし、女子生徒がほかの男子生徒に気が向いたのがきっかけとなり、別れ話に発展してしまいます。そして大揉めした挙句、男子生徒は学校に来なくなり、そのまま中退してしまいました。

その男子生徒とは私も仲良くしていて、明るく快活な優等生という印象だったので、意外だったのと同時に、恋愛は人を狂わせると、怖くなった記憶があります。

この手の異性トラブルは偏差値の高い進学校でもよく起こると聞きます。男女別学校では校内でこうしたトラブルは起こりにくいので、その意味では安心でしょう。

異性に翻弄されず勉強に集中できるため、特に受験で結果を残したい超進学校などは男女別学のほうがやりやすいという事情もありそうです。「受験でなんとしても結果を残したい」「6年間は受験に全振りし、絶対に医学部に合格したい」といった強い覚悟が決まっている場合は、男女別学校を選択したほうがいいかもしれません。それから、共学校を選択すると、**異性の目を気にしてしまい、本当に自分のやりたいことを突き詰められないといった面もある**でしょう。服装や髪形、学校内での自分のポジションなどに意識が向いてしまい、一心不乱に興味分野に集中することが難しくなるのです。

やはり、多くの共学には暗黙のスクールカーストが存在していて、異性やカースト上位者の目を気にして無難な振る舞いをせざるを得ないという面はあります。

女子生徒の場合、小中までは男子より成績が良かったのに、高校に入ると成績が下がってしまうというケースも見られます。これは成長曲線によるところ（女子のほうが成熟が早い）もありそうですが、「頭の良い女の子はモテない」という刷り込みもあるように思います。最近ではだいぶ減りましたが、昔は「女が東大に行くと結婚できない」とよく言われました。こうした社会の刷り込みはいまだになんとなく蔓延していて、特に共学校においては男性受けを気にしてあえて受験校のランクを落とすといったことが今でもあるようです。

POINT!

共学校のデメリット

◎男女別学のほうが学力が向上しやすい傾向にある
◎偏差値にかかわらず、異性間トラブルが発生しやすい
◎異性の目を気にして興味のある分野に集中できないことも

進学実績は圧倒的！　男子校進学のメリット

男子校進学のメリットとしては、**異性の目を気にせず勉強や部活動に打ち込むことができるため、受験の実績や各種受賞実績などで結果を残す人が比較的多い**という点がまず挙げられるでしょう。

男子にとって、最適な学習方針を取り入れやすいというのは、かなり大きなメリットなのではないでしょうか。

全国の進学校に目を向けてみると、やはり**男子校は共学校と比較して進学実績が良い**傾向にあります。

興味深いのが、男子校は全国約４８００ある高校のうち99校しかない〝絶滅危惧種〟ともいえるほど少ないにもかかわらず、**２０２２年の東大合格者率ランキングトップ10のうち、なんと6校（開成、筑波大附属駒場、灘、聖光学院、麻布、駒場東邦）が男子校**という事実です。

2022年東大合格者率ランキング トップ10

- 第1位　開成高等学校
- 第2位　筑波大学附属駒場高等学校
- 第3位　灘高等学校
- 第4位　聖光学院高等学校
- 第5位　西大和学園高等学校
- 第6位　桜蔭高等学校
- 第7位　渋谷教育学園幕張高等学校
- 第8位　東京都立日比谷高等学校
- 第9位　麻布高等学校
- 第10位　駒場東邦高等学校

青文字が男女別校（出典：朝日新聞EduA）

ちなみに、女子校の桜蔭もランクインしていて、7割が男女別学校で占められています。

これだけの実績を誇り、伝統もある名門男子校だからこそ、共学化ブームの昨今でも今までのスタイル（別学）を貫いているという見方もできますが、男子校だからこそ勉強に集中でき、受験で高い実績を上げることができるという側面もあると思います。

御三家クラスでなくとも、芝や攻玉社《こうぎょくしゃ》、世田谷学園などの中堅男子校は、同偏差値帯の共学や女子校と比較して進学実績が良いという傾向があります。いずれも中学受験市場では「やや難関」といった感じですが、大学受験ではやたら東大や早慶合格者を輩出するのです。

入学時の偏差値に対する進学実績で見た「レバレッジ効果」は、男子校で特に高くなりがちです。女子がいない環境の中で、男子特有の競争心が良い形で機能し、進学実績に結びついているように見受けられます。

スクールカースト的な身分社会が共学校ほど露骨ではなく、**マイペースで目立たない生徒や癖の強い生徒でも気楽に過ごせる**というのも男子校のメリットでしょう。

共学の中高、特に公立中学では、スポーツが得意でイケてる男子が偉く、内向的でオタクな男子は軽んじられるなど、どうしてもスクールカーストが生まれてしまいがちです。

私が卒業した公立中にも当然ありましたし、周りの公立中出身者からそうした雰囲気がまったくなかったという話は聞いたことがありません。やはり、異性の目があるとこうした傾向は避けられないだろうと思います。

しかし、男子校にはそのような雰囲気はあまりなく、サッカー部のイケメン男子と文化部のおとなしい男子が一緒に下校していたりします。異性がいないぶん、スクールカーストのような表面的なところばかりでなく、相手の本質的な部分を見ている人が男子校出身者には多い印象があります。

女子の目がないぶん、好きなことをとことん夢中になって追求することもできるでしょう。数学やプログラミングなど、特定分野の専門家となり、各種の賞などを受賞している人は男子校出身者に多いようです。こうした環境は、将来何かしらの分野の専門家となり、その道を極めていくうえでも役に立つことでしょう。

それから、**「一生の友達ができる」というのも男子校出身者が口を揃えて言うメリット**の一つでしょう。もちろん、共学校でも一生の友達はできるでしょうが、多感な時期に異性のいない空間の中で構築された人間関係というのは、やはり共学出身者のそれとは異質なものでありそうです。異性の目を気にせず腹を割って話した男子校時代の友達は一生ものだとの話もよく聞きます。共学校であれば、男女グループの中で一人の異性をめぐっていざこざが起こったり、女子生徒をめぐった争いが発生して男同士の絆《きずな》が壊れてしまったり……ということもあったりします。

男子校ではこういった心配は無用でしょう。男子校の生徒は、口では「共学化希望」と言っていますが、本気でそれを願っている人は、実はかなり少ないのではないでしょうか。

POINT!

男子校のメリット

◎男子校のほうが進学実績が良いという現状も
◎スクールカーストがあまりなく、どんな生徒もマイペースに過ごせる
◎女子の目を気にせず、好きなことをとことん追求できる
◎「一生の友達」ができやすい

男子校出身者は結婚率が低い⁉
男子校進学によるデメリット

このように、男子校にはたくさんのメリットがあります。

しかし、先ほども述べたように、**男子校出身という要素は卒業後の恋愛・結婚においてて不利に働く傾向がある**ようです。

株式会社パートナーエージェント（現・タメニー株式会社）がアラサーの未婚男女2115人を対象に行ったアンケートでは、「学生時代の友人の結婚状況」についての質問で、**「（周りの）ほとんどが未婚」と回答した男子校出身者が27・0％もいた**ことが示されています（共学出身男性は15・8％、女子校出身女性は9・1％、共学出身女性は8・6％）。

さらに驚いたことに、**「（今後も）結婚したくない」と回答した男子校出身者が28・2％もいた**ことが明らかになりました（共学出身男性は17・7％、女子校出身女性は10・6％、共学出身女性は8・2％）。

何らかの原因で、**男子校出身者は結婚をあきらめてしまっていたり、メリットを**

学生時代の友人の結婚状況

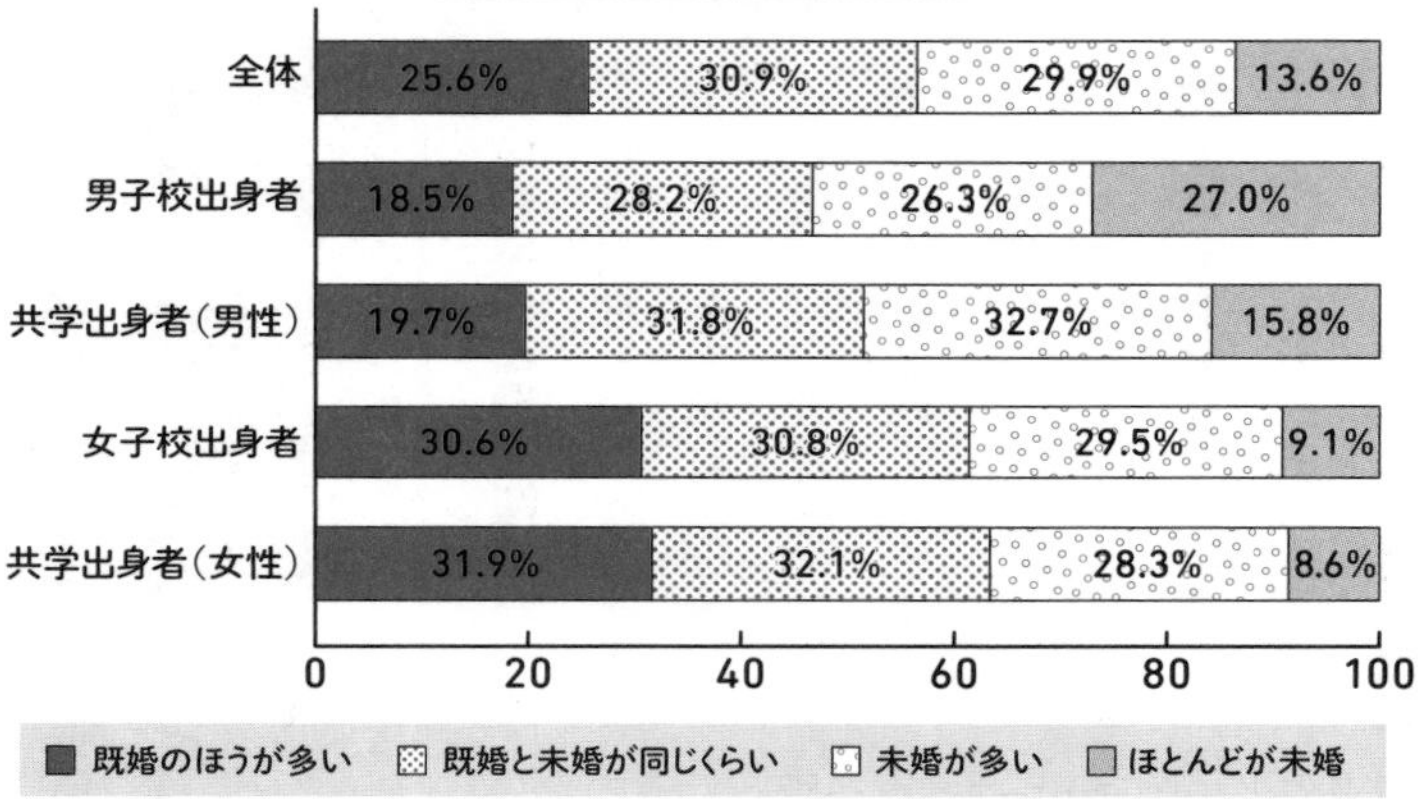

結婚に対する意欲・状況

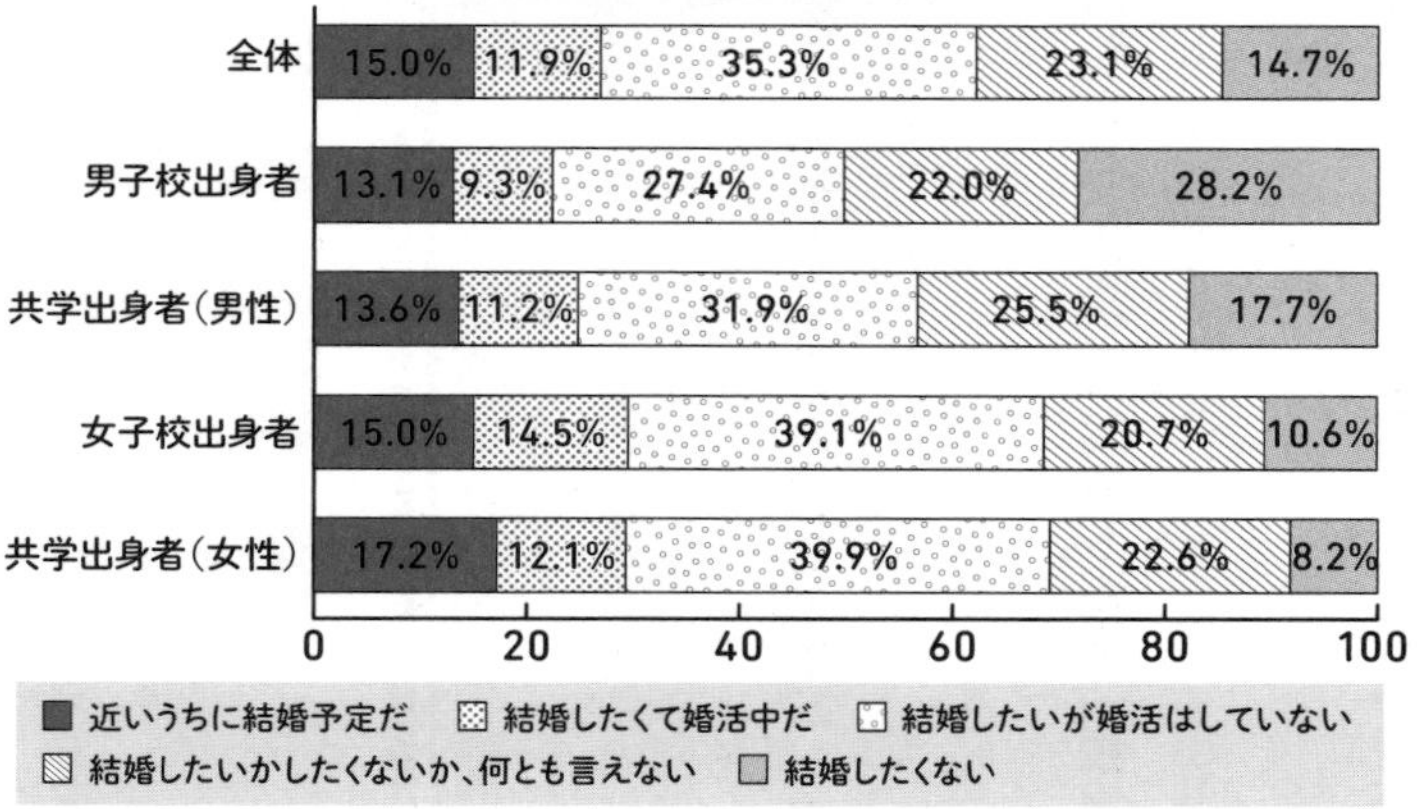

出典：株式会社パートナーエージェント「男子校／女子校出身者と婚活の関係性」についてのアンケート調査

見出せずに生涯独身を宣言したりする人が多いようです。

また、ハーバード大学医学部のニコラス・クリスタキス教授が行った調査によると、**男子校出身者は共学出身者と比較して短命であるという傾向**があり、その主因として、「未婚率が高いから」という説が濃厚とのことです。

おもしろいことに、同じく男女別学である女子校出身者にはこういった性質は見られず、どうやら男子校出身者特有の傾向のようです。先述のパートナーエージェントの調査によると、**男子校出身者は交際経験がある人も少ない**という結果が示されています。

「交際経験０人」と回答した人は14・３％と、共学出身男性の15・４％をやや下回りましたが、「答えたくない」と回答拒否した人の割合が23・６％に上り、共学出身男性の11・９％を圧倒していました。この23・６％の中には交際経験がない人が相当数含まれていると予想されますが、かたくなに口を閉ざすところに男子校出身者のプライドの高さを感じます。

ただ、男子校内でも一部の陽キャは近隣の女子校などの生徒と積極的に交際しているという現状もあり、男子校の中で深刻な二極化が生じているようです。

このように、異性がまったくいない環境では、**色恋に翻弄されず勉強や興味分野に打ち込むことができる反面、生涯未婚率が上昇する可能性が高まる**という皮肉なデータが示されました。

お見合い婚が当たり前だった時代には、女性への免疫やコミュニケーション能力がなくても、学歴や職歴がしっかりしていれば当たり前のように結婚できました。しかし、自由恋愛が主流になり、男性の生涯未婚率が3割に届きそうな現代においては、学歴が高くても清潔感やコミュ力がともなっていなければ恋愛弱者となり、女性から選ばれなくなることも多くなってしまいました。

私の友人の男子校出身者も、恋愛で苦戦している人が多い印象です。アラサーになったのに交際経験がない人や、結婚をあきらめているような人も共学出身者と比較して多く見られます。

彼らは軒並み高学歴でユーモアもあるのに、もったいないなと思う次第です。

男子校出身者は学生生活の満足度が高く、おまけに進学実績も良いというメリットがある反面、自由恋愛市場においては、その特殊な6年間がマイナスに働いてしまう可能性もあるようです。

男子校か共学か、究極の選択のような気もしますが、こちらの「価値判断」は皆さんに委ねたいと思います。

POINT!

男子校のデメリット

◎男子校出身者は恋愛、結婚において不利になる傾向が強い

◎男子校出身者は未婚率が比較的高いため、短命だというデータもある

◎男子校出身者は交際経験がない人も少なくない

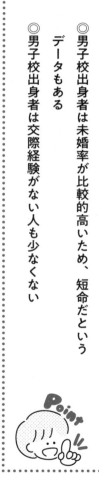

医学部進学なら男子校のデメリットも帳消しにできる!?

将来の恋愛市場においてやや不利になり、未婚率を高めてしまう代償と引き換えに、大学受験で良い結果を残しているというのが男子校のリアルです。

男子校で勉強して良い大学に入っても将来恋愛・結婚面で苦労するのか……と絶望している男子校志望の皆さん、ちょっと待ってください。救いとなる興味深いデータがあるので紹介しましょう。

男性全体の生涯未婚率（50歳までに一度も結婚したことがない人の割合）は、28・25％というデータ（令和2年国勢調査より）があるのですが、**男性医師の生涯未婚率は2・8％（「生涯未婚率は職業によってこんなに違う」舞田敏彦、ニューズウィーク日本版、2015年9月1日より）と衝撃の低さを誇っている**のです。

収入と未婚率の関係を示したデータを見る限り、収入や学歴と生涯未婚率は反比例の関係にあるのですが、医師免許パワーがてきめんであることがうかがえます。

文系の場合、大企業で出世して高収入を得ている人は、頭の良さのみならず、ルックスやコミュ力も優れていて、当然異性からも人気な傾向があります。しかし医師の場合、**そのような華やかな要素を兼ね備えていなくても、医学部入試と国家試験を突破すれば高収入がほぼ約束され、ほとんどの確率で配偶者にも恵まれる**という、勉強一辺倒の内気な男子諸君に優しい仕様となっています。

このデータを見ると、**「男子校出身者こそ医学部に行け！」**というのはあながち誇張ではない気がします。実際、上位の男子進学校は医学部への合格率が高いことで知られ、例年国公立大学医学部医学科合格者数トップ10のうち約半数が男子校です。鹿児島の名門、ラ・サール中高（男子校）出身の知り合い曰く「同級生は変なやつが多かったが、医師になったやつらは全員結婚している」とのこと。これはある意味すごいことではないでしょうか。

POINT!

◎医者の生涯未婚率は2・8％
◎男子校出身者こそ、医学部に行くべし

政治家や起業家にもなれる？　女子校進学のメリット

女子校進学のメリットとしては、まず、男子に頼らず**自立的な心が養われる**という点があります。当たり前ですが、女子校の文化祭や運動会ではすべての段取りや準備を女子生徒が担当します。共学校であれば、力仕事などは男子生徒が担当するといった性別による暗黙の役割分担があったりしますが、女子校には当然そんなものはありません。女子だけであってもなんでも自分たちでこなせるという自立した心が女子校生活の中で養われ、それは今後の人生のさまざまな場面で役に立つことになるでしょう。

実際、有能な女性政治家や起業家には女子校出身者も多いと感じます。

男女共同参画社会といわれて久しいですが、日本はやはりいまだに男性優位な社会構造になってしまっている実情があります。女性の平均年収は男性のそれと比較すると低く、ジェンダーギャップ指数も先進国の中では最低レベルです。

「女子校」出身者には政治家や起業家も少なくない

こうした「ガラスの天井」といわれる女性の限界を打ち破るためには、女子校で育む自立心や自己肯定感がカギになってくるのかもしれません。

それから、これは男子校とも共通しますが、**異性の目を気にせずリラックスして学習やクラブ活動に集中できる**という面もあります。

この時期の男子は女子と比較して精神的に幼い傾向にあり、女子にとって不愉快な言動をすることがしばしばあります。思春期においては男女で1～2年程度精神年齢に差があるというデータもあるくらいです。多感な時期にこうした男子の言動を受け、心が傷ついてしまった女子生徒は多いはずです。

女子校であれば、そうした心配をする必要がないため、心からリラックスして学校生活を送ることができるでしょう。

男子校同様、**堂々と「オタク」でいられるというのも大きなメリット**ではないでしょうか。女子校には、何かと冷やかしてくるようなウザい男子もおらず、全力で〝推《お》し活〟にも専念できるはずです。私が出会った女子校出身者は、共学出身の女性と比較して、何か夢中になれる趣味を持っている人が多かったように思います。共学校の生徒が恋愛にうつつを抜かしている間に、女子校の生徒は好きなものへの情熱の炎を燃やしているのです。

それから、先ほどの話とも被りますが、女子の特性を活かした教育により、**共学校と比較して学習効果が見込みやすい**というメリットもあるでしょう。

女子生徒は基本的に共感性が高く、受験も皆で協力し合って乗り越えようとする傾向があります。女子しかいない環境では、そうした女子にとって最適な環境が自然とできあがり、**ペースを崩されることなく勉強に打ち込める**ということもあるでしょう。

男子校における、縦割りの体育会系文化で競争主義的な傾向が強いこととは対照的ですね。

POINT!

女子校のメリット

◎なんでも女子だけで運営するため、自立心が養われる
◎異性の目を気にせず、リラックスして勉強や部活動に集中できる
◎女子の特性を活かした授業で学力が向上しやすい

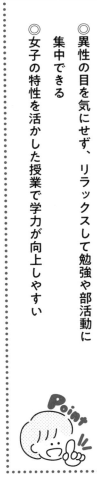

女子校出身者は結婚や恋愛で不利になるのか？

前出のハーバード大学の研究によると、男子校出身者は未婚率が高く、平均寿命も共学出身者と比較して短いといいます。

男子校の特殊な6年間が将来の恋愛においてマイナスに働いてしまう可能性が示唆され、X上でも話題になりました。

では、男女別学校は将来の恋愛・結婚に不利に働くのか……と思っていろいろ調べてみたところ、先ほども述べたように、どうやら**女子校出身者にはこうした傾向はない**ようです。

異性がいない環境で思春期を過ごすという点では共通していますが、恋愛市場における女性の優位性なのか擬態（？）がうまいからなのか、**女子校出身の女性は共学出身者と変わらない割合で恋愛をし、結婚していく**ようです。

株式会社パートナーエージェントがアラサーの未婚男女を対象に行ったアンケー

ト（109ページ参照）では、「学生時代の友人の結婚状況」についての質問で、「（周りの）ほとんどが未婚」と回答した女子校出身者は共学出身女性と同水準の9・1％に留まったことが示されています（共学出身男性は15・8％、男子校出身男性は27・0％、共学出身女性は8・6％）。

これまでの交際人数についてのアンケートでも、共学出身者と女子校出身者との間に有意差は見られませんでした（いずれも3～5人と回答した人が最多）。

これらの結果から、女子校出身女性と共学出身女性との差は男子校出身男性と共学出身男性とのそれよりも小さく、ほとんどないようです。

POINT!

◎女子校出身でも、結婚や恋愛では不利にはならない

◎女子校出身女性も共学出身女性と変わらない割合で恋愛し、結婚していく

社会のトレンドだけでなく、子どもの特性にも向き合う

本章では、男子校・女子校・共学校それぞれのメリット・デメリットについて長々と語ってきました。もちろん、男女別学校を選んでも共学校を選んでも将来的には大差ないと言う人も大勢いるでしょう。

しかし、特性が強い子など、男女別学か否かに一部かなり大きく左右される子がいるのも事実であり、そういった子のためにも別学校は用意されるべきだと私は考えます。

男子校・女子校・共学校選びは、**社会のトレンドだけでなく、やはり子どもの特性と向き合って決定するべき**でしょう。

「オタク気質で好きなことに過集中する男の子」（かつての私です……）は男子校を選ぶとよいかもしれませんし、「優柔不断で甘えん坊な女の子」は、自立心を養うためにも女子校を選択してみてもよいかもしれません。

保護者の皆さんは、子どもと一緒に男女別学校・共学校それぞれの校内行事や学校説明会に顔を出し、我が子にはどちらが合っているのかということを慎重に判断していただけたらと思います。

POINT!

◎男女別学校、共学校それぞれのメリット・デメリットをよくよく吟味するべし
◎社会のトレンドや客観的なメリット・デメリットだけではなく、子どもの特性をよく考えて受験校を選択する

第4章

ナマケモノにならないために！
進学校 vs 附属校

結局どっちがいい？
進学校と附属校のメリット・デメリット

受験校の選択において、第3章で解説した「男女別学校vs共学校」に加え、「進学校vs附属校」という論点があります。まず簡単に両者の説明をしておきましょう。

「進学校」というのは、原則**全員が大学に進学することを前提とした学校**です。そのため、志望校別のクラス分けなど、生徒たちが効率的に大学受験を突破できるような工夫が凝らされているところが多いです。

「附属校」というのは、大学と同じ法人によって運営されている中高のことで、そのまま**エスカレーター式で大学まで進学する生徒が60％を超える学校**を指します。大学受験がないため、探究的な学習の時間が多く設けられていたり、系列大の授業が受けられたりするなど、高大連携プログラムを導入しているところも多いです。

さらに、特定の大学への推薦枠を多く有しているものの、全員が内部進学できるわけではない「半附属校」と呼ばれる学校もあります。たとえば、早稲田大学の系列である早稲田中高には、学年300人のうち167名分の早稲田大学推薦枠しかないため、約半数の生徒は外の学校を受験することになります。こうした学校は附属校と同時に進学校の側面も持つため、「半附属」と呼ばれているのです。

また、内部進学できる中高でも、「附属校」と「系属校」という違いがあります。附属校は大学と学校法人を同じくしている学校、系属校は学校法人は異なるが内部推薦枠を持つ学校のことを指します。

本章では、附属校の最新トレンドや進学校との比較、メリット・デメリットについて語っていきたいと思います。

POINT!

◎「進学校」は全員が大学受験するのが前提。そのための工夫が凝らされている

◎「附属校」はエスカレーター式で大学まで進学する生徒が60％を超える学校

附属校バブルはどうなった？　近年の附属校事情

大学入試の定員厳格化にともない、ここ数年は附属校の入学難易度が高騰していました。しかし、定員厳格化が若干緩和されたことにより、附属校バブルは落ち着きつつあります。

2021年度入試と2023年度入試の各附属校の志願者数を比較してみると、ほとんどの学校で志願者を減らしていて、慶應中等部（1522名→1296名）、明大中野（1869名→1559名）、中大横浜（1507名→1384名）など、1割以上志願者を減らしたところもあります。定員厳格化が緩和され、少子化などの要因により大学受験でMARCHに入るのが容易になりつつあることも手伝って、中学受験の段階で大学まで無理して決めなくてもいいという風潮が広がってきたと考えられます。

先ほども述べたように、少子化で入学者獲得が難しい近年、**大学側が早いうちか**

ら学生を囲い込んでおきたいという「利確」の動きを見せていて、年内に合否が決まる総合型選抜や学校推薦選抜の拡充と同時に、内部進学枠も年々増加してきています。一般入試では辞退する人も多いため入学者数を読むことが難しく、年内に確実に入学する人を確保しておきたいという考えからの判断でしょう。

受験生獲得に苦心する各大学は、附属・系属校のほかに「提携校」といった形をとって別法人の中高一貫校と連携し始めています。都内の女子校である香蘭女学校は立教大学の関係校になっていますし、浦和ルーテルや横浜英和、青山学院大学も近年連携したことで話題を呼びました。

これは「高大連携」と呼ばれる近年よく見られる動きで、高校と大学が連携して学習指導などを行い、場合によっては推薦枠などが用意されていることもあります。具体的には、大学教授による高校での出張講義や、大学生と高校生の共同授業などがあります。高大連携により、高校側は大学についての理解を早いうちから深められる、大学側も高校の教育現場に触れることで大学入学後の指導に役立てることができるといった、双方のメリットがあります。

私立大学に限らず、一部の国立大学（東京工業大学、東京外国語大学など）でも、高

大連携を行っています。

こうした動きは首都圏に限った話ではなく全国的に進んでいて、地方でも、地元の国立大学の授業を受けられる高校が増えてきています。

附属校に話を戻すと、明治大学が新たに附属校を設置するというのは2023年の受験界で最も注目されたニュースの一つでしょう。

永井荷風なども学んだ伝統のある男子校・日本学園中高が、2026年度より明治大学の系列校となり、校名を「明治大学附属世田谷」に変更すると同時に共学化することを発表したのです。

2023年度中学入試の志願者は前年と比較して約1000人増加し、偏差値は20近くもアップしたといいます。

2016年に青山学院大学の系属校となった青山学院横浜英和も、今ではすっかり人気校となっています。系属化して一期目の卒業生は、半数以上が青山学院大に進学しました。

早くから学生を囲い込みたい有名大学による、こうした附属校・提携校拡充の流れは、今後も拡大していくと私は見ています。

それでは、附属校の今を見ていただいた皆さんに、あらためて附属校・進学校それぞれのメリット・デメリットをお伝えしていきましょう。

POINT!

◎大学入試の定員厳格化が若干緩和されたことにより、附属校バブルは以前より落ち着きつつある

◎少子化で入学者確保が難しいため、大学側が早めに生徒を確保しようと、内部進学枠も年々増加している

◎高校と大学が連携して学習指導を行い、推薦枠などもある「提携校」が増加

夢は無限大！　進学校のメリットとは？

まずは「進学校」から。

進学校においては、熾烈な中学入試を突破しても、まだゴールではありません。彼らは6年後の大勝負・大学受験に向けて学習を進めていきます。

そのため、進学先の進学校を選定するにあたっては「大学進学実績」が非常に大事な指標になります。中学受験・高校受験問わず、進学校の入試偏差値は、前年の東大・医学部合格実績と連動するという傾向もあるくらいです。それにより、全国の進学校は優秀な受験生を獲得すべく、しのぎを削って大学進学実績を高める努力をしているわけです。

進学校は、系列大の中から学部選びをするほかない附属校とは違い、**柔軟に進学する大学を選定できるというメリットがあります**。中学入学時に思い描いていた将来の夢が、6年間の中高生活の中で変わることなどはよくある話です。

「進学校」は多様な進学先に対応できる

附属高校在校時に医者になりたいと思ったものの、系列大に医学部がなかった……といった場合は、あらためて大学受験のための勉強が必要になります。

それから、まったく違う土地で大学生活を送りたいという場合も、附属校だと難しいでしょう。「関東出身だけど、京都の大学で4年間を過ごしてみたい……」という希望が実現できるのが、進学校の良いところです。

実際、都内の進学校から京都の大学に進学したり、海外に出ていったりする生徒も少なくありません。

なお、東大などの国公立大学で学びたい

という人にとっては、大学受験は避けて通ることはできないので、その場合だと進学校一択になるでしょう。

POINT!

進学校のメリット

◎柔軟に大学・学部選びをすることができる
◎在校時に将来の夢が変わっても対応しやすい
◎東大などの国公立大志望の場合は進学校一択になる

6年で学力ダウン⁉　進学校のデメリット

進学校は東大や医学部など最難関クラスの大学を目指せるという点で魅力的なのですが、**6年間の学校生活の中で勉強への意欲をなくし、結局大学受験後には中学入学時に思い描いていた大学に進学できない**というケースは往々にしてあります。

残念ながら、中学入試時点で合格圏内だった附属校の系列大学に、6年後には箸にも棒にもかからないといったケースは珍しい話ではないのです。

御三家クラスの中学に入ったのにもかかわらず、6年後にはMARCHに合格する学力もないというのは一定の確率で起こり得る話です。彼らは「深海魚」とも呼ばれていて、残念ながら毎年発生しています。これは、中学受験にない英語としっかり向き合ってこなかったというのが理由として挙げられるでしょう。

英語が完成していないと、東大はもちろん、早慶MARCHといった私大への合格も遠のいてしまいます。

そうなると「附属に入っておけばよかった……」と後悔することになります。

進学校に入ったものの、成績が低迷して浮上できない生徒を「深海魚」という

進学校の生徒は大学受験という大イベントに臨む必要があるため、**部活や課外学習、探究的な学習などに、附属校の生徒と比較して時間を割けない**という側面もあります。進学校（特に2番手以下の学校に多い）の中には、なんとしても現役で難関大に合格するため、大好きな部活を途中で切り上げるなど、大切なものを犠牲にして勉強に励む生徒も少なくありません。附属校であればそういった犠牲は不要で、高校卒業まで自分の好きなものと向き合えるでしょう。

それから、再び熾烈な受験戦争を乗り越える必要があるため、大学受験で疲弊してしまい、大学に入ってから燃え尽き症候群になってしまうケースも多いようです。

大学受験指導に力を入れるあまり、高校生活に多くの制限を加える「受験監獄」と呼ばれる学校（西日本に多い）の卒業生は、大学に入った途端に怒濤の勢いで留年するという事実もあります。

私も浪人を経験しましたが、大学1、2年生のときはその反動で遊び呆《ほう》けていた記憶があります。大学受験で傷を負っていない附属生たちは、私が遊んでいる間にコツコツと資格試験の勉強やインターンに精を出していたのです……。

POINT!

進学校のデメリット

◎6年の間に学力が落ち、大学受験で失敗する可能性がある
◎附属生と比べ、部活動や習い事などに力を入れにくい
◎大学受験で燃え尽きてしまう可能性がある

12歳で最終学歴を「利確」できる！　附属校のメリットとは？

続いて「附属校」ですが、こちらの最大のメリットは**12歳の中学合格時点で最終学歴を「利確」できる**という点につきます。

12歳の時点で早慶MARCHの附属校に合格した生徒たちは、無難に学校の試験をこなしていれば、そのまま最終学歴で早慶MARCHを獲得することもできます。

近年、有名私大はどこも総合型選抜（AO入試）や指定校推薦、内部進学の枠を拡大し、その動きに連動して一般入試の枠が減ってしまっているという現状があります（早慶MARCHの一般入学者割合は5〜6割程度）。

こうした流れの中で大学入試に臨むのは不安だという家庭にとっては、「附属校」はかなり魅力的な選択肢と言えるでしょう。

実際、早慶附属中学入学以降に勉強をやめてしまい、もし**進学校で大学受験をするならMARCHも厳しいような子でも、毎年たくさんエスカレーター式に早稲田・慶應に進学**しています。私と同じ大学のゼミにも早実初等部出身の人がいましたが、英語の理解力などは一般受験組からかなりかけ離れていて驚いた記憶があります。

中学から大学まで**10年間一緒なので、深い人間関係が築ける**というメリットもあるでしょう。大学でも最初から信頼できる友達がたくさんいるのでスムーズにキャンパスライフを始められます。思い返してみると、大学入学時、地方から出てきた私は当然友達がおらず不安でいっぱいだったのですが、早大学院や早稲田本庄といった附属校の生徒たちは初日から大勢で集まって行動していたようで、後日うらやましいと思ったものです。

さらに、繰り返しになりますが、大学入試がないことでほかの活動にリソースを割けるというメリットもあります。高校生のうちから系列の大学の研究室を見学することができたり、大学の授業を先取りで受けられたりするところもあったりします（単位がもらえるところも！）。

進学校組が大学入試に向けて対策を進める中、資格試験の勉強や探究的な学習にリソースを割くケースは多いです。高校在学中に気象予報士試験に合格したり、大学在学中に司法試験に合格したりする人の多くは附属校の出身者と聞きます。

それだけでなく、附属校出身者は就活に強いことでも知られます。私が通っていた早稲田大学でも、最も強かったのは内部生だったと記憶しています（就活の強さは内部→東大落ち→各種推薦→一般）。内部生は持ち前のポテンシャルに加え、大学受験で疲弊していないので早い段階から就活や難関国家資格の対策に目を向けていて、就活や資格試験で圧倒的な結果を残します。

マッキンゼーなどの外資コンサルや、三菱商事など最難関日系企業の内定者では、内部生の割合がかなり大きいと、各社に内定した知人たちから聞きました。

POINT!

附属校のメリット

◎12歳の時点で最終学歴を「利確」できる
◎大学受験に割くリソースをほかのことに割くことができる
◎中学から大学まで10年間一緒なので、深い人間関係が築ける
◎大学受験で疲弊せず、就職活動や資格試験で結果を残せる

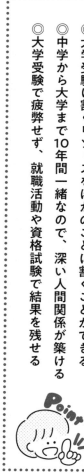

実はコスパが悪い⁉　附属校のデメリット

附属校のデメリットとして挙げられるのは、先ほども述べましたが、いざ大学進学を迎えるにあたって**「行きたい学部が内部進学先の大学にない」という状況が生じ得ること**です。たとえば、附属校を抱える大学の多くには、医学部や芸術系の学部がありません。

中学に入学した12歳時点での将来の夢が、中高の6年間ですっかり変わってしまうことも珍しくありません。しかし、そうなってしまうと外の大学を受けざるを得なくなり、結局大学受験に向けての対策が必要になってしまいます。

周りが大学受験をしない中で勉強を進めていくのはかなり根気のいる作業ではないでしょうか。学習塾などに心の拠点を移すほかなく、こうなるなら全員が受験する進学校に行っておけばよかった……と後悔することもあるでしょう。

それから、内部でも系列大各学部に入るための競争があるため、そこからあふれてしまうと希望する学部で学ぶことができないというデメリットもあります。実際、

「GMARCH」が最終目標なら、中学受験はコスパが悪い!?

慶應医学部の枠に入れなかった内部生が他大学の医学部を受験するのは珍しいことではないようです。

また、特にGMARCHに関してですが、実は少子化と入試方式の多様化の影響で大学受験だとかなり入りやすくなってきていて、中学受験の附属校の難易度に見合わなくなりつつあるという現状もあります。

つまり、**最終的にGMARCHの学歴を獲得してほしいと考えた場合、中学受験を経て附属校から入るのはオーバーワークで、ややコスパが悪い**ということです（あくまで中学受験の難度と出口である大学進学から見た「コスパ」の考え方）。

GMARCHは年々推薦の枠が増えてい

て、また、少子化の影響で一般入試の倍率が下がり、今後も下がり続けると考えられています。そのため、中学受験で苦労して、エスカレーター式で進学するのは労力に見合わないように思います。

中学受験でGMARCHの附属校に入学することにより、「最低でもGMARCH」入学の権利を押さえておきたいと考える方もいるかもしれませんが、**中学受験でGMARCHの各附属校に受かる能力があれば、大学受験時にはさらに上位の早慶や東京一工・旧帝へ進学できる可能性も十分ある**と考えます。実際、GMARCH附属校の中学受験の偏差値は、東大合格者10名〜、早慶合格者100名〜、といった大学受験実績を誇る進学校と肩を並べていることがわかります。

たとえば、明大明治男子（2月2日午前の入試）の日能研偏差値は60で、城北中、本郷中、芝中などの進学校と同じレベルですが、これらの進学校は例年10名程度の東大合格者を輩出し、早慶だと200名程度の合格者を出す年もあります。

進学校では大学受験という荒波を乗り越える必要がありますが、GMARCH附属校合格者のポテンシャルを考えると、かなりの数の生徒が東大早慶を狙えるはずだということです。

少子化による受験生数の減少に加え、同一学部をいろいろな方式で何度も受験できるといった受験機会の増加により、**30年前の私大バブル時の受験を勝ち抜いた親世代の頃とは比べものにならないくらい簡単**だといわれています。

1990年頃、各学部一発勝負で、受験倍率が20倍に及ぶことも珍しくなかったMARCH一般受験を乗り越えた皆さんは、「MARCHは難関」というイメージがなかなか払拭されていません。しかし正直、当時のMARCH受験生であれば余裕で現在の早慶が狙えるくらいのレベル感だと思います。

さらに、今のGMARCHに合格するのは2~3番手クラスの公立高校が主流、というデータもあります。

明治大学の附属高校を除いた進学者数ランキングでは、1位：神奈川県立川和高校、2位：神奈川県立柏陽高校となっていて、ともに公立進学校です。理由としては、明治大学などのGMARCH文系入試では最も配点の大きい英語の攻略がカギとなっていて、高校入試で英語を勉強した公立進学校組が（入試で英語を経験していない）中学入試組に引けを取らないからと考えられます（東大や上位医学部クラスになると中高一貫のほうが有利というのは否めませんが……）。

今後も怒濤の少子化と一般選抜以外の入試方式（総合型選抜など）の導入によってGMARCHの一般入試難易度が年々下がっていくことも予想され、**GMARCHに入るなら公立高校から進学するのが最もコスパの良いルート**と考えられます。

高校受験で英語を含めた5教科を勉強し、そこそこの公立高校へ進み、そこで「英国社」の3科目に絞った対策をすることで、GMARCHの合格には十分手が届くはずです。

POINT!

附属校のデメリット

- ◎最終学歴を考えると、中学受験の労力に見合わない可能性がある
- ◎系列大学に希望する学部がない可能性もある
- ◎内部での競争があり、希望する学部に入れる保証はない

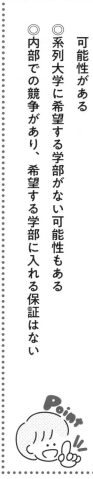

▼主な大学附属校・系属校・連携校（過半数が内部進学可能）を一挙に解説！

首都圏の主な大学附属・系属校（中学から入れるところ）は次のようになります。

慶應義塾 慶應義塾普通部・慶應義塾中等部・慶應義塾湘南藤沢中高

早稲田 早稲田大学高等学院中学部・早稲田実業中高等部（系属）・早稲田中高（系属）

学習院 学習院中高等科・学習院女子中高等科

明治 明大明治中高・明大中野中高（系属）・明大世田谷中高（系属）

青山学院 青山学院中高等部・青山学院横浜英和中高・浦和ルーテル学院中高（系属）

立教 立教池袋中高・立教新座中高・立教女学院中高（系属）・香蘭女学校中高等科（系属）

中央 中央大学附属中高・中央大学附属横浜中高

法政 法政大学中高・法政大学第二中高

成城 成城学園中高

成蹊 成蹊《せいけい》中高

明治学院 明治学院中高

獨協 獨協《どっきょう》中高

國學院 國學院久我山中高

日本 日本大学中高・日本大学第一中高・日本大学藤沢中高・千葉日本大学第一中高

東洋 東洋大学京北中高

専修 専修大学松戸中高

右の一覧を見ればわかる通り、中高一貫でも、附属校・系属校などその在り方はさまざまです。ここから、首都圏附属校の有名どころをいくつか解説しましょう。

慶應義塾普通部（男子校・神奈川県横浜市）

慶應義塾の附属中学は、湘南藤沢中高以外、ほかの大学附属校と異なり中学と高校が連結しているというわけではなく、各中学校から任意の高校に進学するという特殊な形をとります。たとえば、慶應普通部から慶應義塾高校、慶應湘南藤沢高等部、慶應志木高校に進学することもできますし、慶應中等部からは慶應義塾高校、慶應女子高校、慶應志木高校にそれぞれ枝分かれしていきます。

慶應普通部は、附属校の中で最も古く、120年以上の歴史があります。この学校は男子校で、定員は180名。中学入試では、学力検査のほか、面接や体育実技などもあり、多面的な力が見られています。

「慶應ボーイ」と呼ばれる王道コースの通過点となっていて、「慶應幼稚舎→慶應普通部→慶應義塾高校→慶應義塾大学」というのが定番です。

文化祭の「労作展」は名物で、中学生とは思えないクオリティの作品も並びます。これを見て「この学校に入りたい」と憧れる男子は多いようです。

自ら学び考えることを重んじた教育を通して、知性と品性を備えた優れた人格の育成を目指しています。

著名ＯＢにはタレントの櫻井翔《しょう》さん、歌手で俳優の岩田剛典《たかのり》さんなどがいます。

慶應義塾中等部（共学・東京都港区）

慶應義塾三田キャンパスに隣接する、男女共学の慶應附属校です。

定員には男女で差が設けられていて、女子は首都圏最難関クラスの難易度を誇ります（男子約１２０名・女子約50名）。

この学校は**御三家レベル**という声もあります。これには慶應幼稚舎からの内部進学事情が関係しているといわれています。慶應幼稚舎の男子はほとんどが前述の慶應普通部に進学するのに対し、女子はほとんどがここに進学してくるため、そのぶんだけ女子の募集が少ないというものです。俳優の芦田愛菜《あしだまな》さんは、女子御三家の一角・女子学院を辞退してこちらに入学していますね。

「自立した個人を育む　自由な教育」を基本理念とし、創立当初から校則を定めていません。**生徒たちは主体性・自発性を発揮しながら、のびのびとそれぞれ好きなことを極めている**ようです。先生と生徒の距離がとても近いのが特徴で、先生のことは「さん」付けで呼ばなければならないのだとか。

いまだに男女別学の附属校が目立つ中、この学校は早い段階から男女共学となりました。少数のはずの女子が実権を握り、男子は押され気味だという内部情報も聞いています。

慶應義塾湘南藤沢中高（共学・神奈川県藤沢市）

通称「SFC中高」です。大学のSFCキャンパスができた2年後の1992年に創立された比較的新しい学校で、21世紀の「問題発見・解決型教育」の創出を目的として設立されました。

先に述べた通り、この学校は慶應附属校唯一の「完全中高一貫校」です。

勘違いされがちなのですが、大学も湘南藤沢キャンパスに全員進学するというわけではなく、大多数が法学部などメインキャンパスの学部に進学します。

こちらは2013年に慶應横浜初等部ができたことにより、中学入試の定員が抑えられたという事情がありました。

校則はかなり自由で、高等部では染髪やピアスなども許容されるようです。また、校内に時計が設置されていないなど、変わった試みも見られます。

小学校からのエスカレーター組、中学入試を突破してきた者、帰国子女、地方からやってくる者（全国枠入試）が入り乱れ、まさに**「多様性」の象徴**となっています。

この学校は**語学教育とICT教育に力を入れている**ことでも知られています。

帰国生は週6時間、一般生は週2時間ネイティブスピーカーの教員の授業を受けます。習熟度別でクラスが分けられ、きめ細かな指導が行われるようです。高等部では毎年全員がTOEFLを受験し、実力を試す機会もあります。中等部3～高等部3年はα・βの2クラスに分かれ、レベルに応じた教育が行われます。高等部3年αクラスは模擬国連に取り組み、英語力の集大成が発揮されることになります。

ICT教育に目を向けると、中等部1年時に初歩のプログラミングに挑戦し、情報基礎の学びをスタートします。中等部3年時には、Webアプリケーションを制作して実用的なプログラムを作成し、高等部3年時には大学レベルの選択科目も開講されているようです。

早稲田大学高等学院中学部（男子校・東京都練馬区）

この学校は早稲田大学唯一の「直属の附属中学」であり、建学の精神が根付いています。高校は1学年約500人を抱えるマンモス男子校で、中学入試の定員は120名です。

こちらは長らく高校からしか生徒を募集していなかったのですが、2010年より中学部が開設され、中高一貫校となりました。

キャンパスは緑が多くてグラウンドも広く、校舎も非常に清潔に保たれています。校風は極めて自由であり、生徒たちの自主性に任せられています。毎日のホームルームはなく、清掃は大学と同様に専門業者が行うようです。

男子校のメリットの部分でも述べましたが、この学校では**マニアックなものに打ち込んでいる尖《とが》った人材が評価される**ようで、個性の強い人材大歓迎という雰囲気があります。誰にでも居場所があり、自然体で好きなものに打ち込めるというのは、思春期の男子にとってはかなり過ごしやすいでしょう。高等学院は3年間クラス替えがなく、担任も3年間同じなため、人間関係はとても深いものになるようです。

ただ、中学部では部活動が週3、朝練もなしと、部活動より学業優先の傾向が見られます。ですから、部活を全力でやりたいタイプは早実のほうがいいかもしれません。中学部には学園祭がないのも、やや物足りないと感じる方はいるでしょう。

それから、じゅそうけん的〝推しポイント〟は、**上位学部への門戸が広い**ところです。なんと、**看板学部の政治経済学部に110人、実に4人に1人が進学することができます**。早実は65名、早稲田高校からは20名しか政経に内部進学できないことを考えると、いかにおトクかがわかるでしょう。また、日本医科大とも提携し、2名の推薦枠もあります。医学部に行きたい層にも対応し始めているようです。

早稲田実業中高等部（共学・東京都国分寺市）

学校法人早稲田大学の系属校で、**首都圏にある早稲田の附属校の中では唯一の男女共学**となっています。中学の募集定員は約110人（男子約70人、女子約40人）となっていて、女子は首都圏最難関クラスの難易度を誇ります。

この学校は野球も強く、甲子園優勝も経験しています。王貞治さんやハンカチ王子こと斎藤佑樹《ゆうき》さんの出身校でもあります。

2002年に共学化、商業科廃止とともに附属の小学校「早稲田実業初等部」が開設され、附属小学校上がりの生徒も約100人含まれています。**スポーツ推薦で入学する全国レベルのアスリート予備軍、附属小学校上がりの内部生、中高受験を経て入ってくる勉強熱心な生徒が机を並べ（クラス分けはあえてしていない）、互いに良い刺激を与えている**ようです。

文化祭には大変な力の入れようで、毎年非常にクオリティの高い演劇や制作物が展開されています。

「総合的な学習の時間」と呼ばれる探究活動も実施していて、中等部3年時には自分の興味関心に基づいてテーマを選び、卒業レポート制作をする「卒業研究」を行って、優秀レポートは卒業式で表彰されるようです。

校則は早慶の附属の中では最も厳しいといわれていて、髪形や服装にも制限があるとのこと（特に女子）。カラオケやゲームセンターも、保護者同伴でなければ禁止だそうです。

ほかのOBには、Jポップ界の巨匠・小室哲哉さん、実業家の前澤友作さんなど、生徒の多様性をそのまま反映させたようなタイプの有名人がいます。

学習院中高等科（男子校・東京都豊島区）

1877年に華族子弟のための学校として開校された、140年以上の歴史を有する伝統校です。この学校は男子校で、**学習院大学に進学するのは例年学年の約半数となっていて、外部の大学を受験する者も多くいます**。外部受験者のうち40％が推薦で、60％が一般受験をしています。

施設は非常に充実していて、図書館、資料室などの満足度も高いようです。東京ドーム約5個分の敷地面積を誇り、体育館やプールなどもとてもきれい。地下には「化石室」と呼ばれる空間もあり、理科が好きな生徒にはたまらないのではないでしょうか。

ちなみに、とてつもないお金持ちが毎年一定数入学してくるらしく、彼らとの交流を通して世界の広さを知ることもできそうです。

中等科の校則は厳しめで、スマホやペットボトルなどの持ち込みまで禁止されているようですが、高等科では打って変わって自由な校風となります（高等科では染髪・ピアス・パーマもOKらしい）。

OBには上皇明仁《あきひと》さま、今上《きんじょう》天皇徳仁《なるひと》さまをはじめ、三島由紀夫、麻生《あそう》太郎さんなど歴史に名を残す名前が並び、歴代首相の出身校ランキング1位となっています。

学習院女子中高等科（女子校・東京都新宿区）

1885年設立、皇族・華族子女のための官立の教育機関を前身とした、120年以上の歴史ある女子校です。こちらは高校募集を行わず、完全中高一貫校となっています。学年の6~7割が学習院大学に内部進学し、残りは外部の大学を受験する「半附属校」の様相を呈しています。

大学進学実績は学習院高等科と比較しても良く、2023年度入試では東京大学や京都大学への合格者も輩出しています。

「その時代に生きる女性にふさわしい品性と知性を身につけること」を設立当初からモットーとして掲げ、全人的な教育を目指しています。先生、先輩などへのあいさつは「ごきげんよう」であることも有名です。

女子中等科も学習院中等科同様、校則は厳しめで、登下校中のスマホ使用なども禁止されているようです。

「本物に触れる教育」を展開し、実験や実習をはじめ、机上の空論にとらわれない授業が実施されています。内容に目を向けてみると、日本画、西洋画、器楽など、知識の習得に偏らない、生徒の多様な進路にふさわしい選択科目が多数用意されています。また、女子校には珍しく、中高6年間季節に関係なく毎週水泳の授業があり、ほとんどがバタフライを習得するそうです。

明治大学附属明治中高（共学・東京都調布市）

学校法人明治大学が運営する唯一の附属校です（ほかの3校は系属校）。2008年に駿河台《するがだい》から調布の日本航空グラウンド跡地に移転する際に、男女共学となりました。

明治大学への内部進学割合は90％を超え、明大の附属の中では最も高くなっています。

中学受験の難易度は明大附属校の中で最も高く、早慶附属校並みの偏差値となることもあります。そのため、先ほども触れた最終学歴で見た「コスパ」の観点ではややもったいないと思われることもあるようです。

直系の附属校ということで、明治大学との連携は強固。「大学で何を学ぶのか」「将来どんな仕事をしたいのか」を軸に、明大全学部の説明会や大学施設見学、卒業生を招いての講演会などが実施されているようです。高2時には大学の先生が週に1度授業をしに来るなど、高大連携は充実しています。

校則はやや厳しめらしく、スマホ、アルバイト（高校）、寄り道禁止などといった規則があるようです。

明治大学附属世田谷中高（共学・東京都世田谷区）

日本学園中高は**2026年4月より明治大学の系列校となり、同時に女子の受け入れを開始して共学校となります**。卒業生のおよそ7割にあたる約200人以上が推薦で明治大学に進学できるような仕組みを目指しています。2023年度中学入試では、定員120名に対し、なんと志願者約1300人が殺到しました。

学校はグランドデザインを「国際理解教育」「キャリア教育」「理数教育」とし、これらを6年間の体系化したカリキュラムによって身につけることを目指します。

明治大文系学部の学生が1、2年時に通う和泉《いずみ》キャンパスと最寄り駅が同じということもあり、2012年より高大連携事業協定を結んでいました。

前身となる日本学園中高は、1885年に創立された歴史ある学校で、吉田茂元首相や横山大観《たいかん》が学んだことでも知られる伝統校です。

日本学園は自由闊達《かったつ》な校風に加え、林業学校、漁業体験といった、さまざまな体験を通して学びを深めていく「創発学」に取り組んでいることでも知られています。

こうした日本学園の教育理念と、明治大学のカラーがうまく調和し、素敵な学校になることが期待されています。

青山学院中高等部（共学・東京都渋谷区）

メソジスト派のミッションスクールで、キリスト教精神に基づく教育を実施しています。

中等部は1947年、高等部は1950年に設立されました。

幼小中高一貫教育を実施していて、附属の幼稚園や小学校から上がってくる生徒は政治家や芸能人の子どもたちも多く、芸能活動を行っている子もいるようです。

華やかなイメージを持たれることも多いですが、現役生曰く、みんな清い付き合いをしているとのことです。

大学への内部進学は成績順に学部を決めることができ、国際政治経済、総合文化政策は毎年人気で倍率が高いようです。学年の8割以上が文系に進み、内部生で理系キャンパス（相模原キャンパス）を希望する生徒はかなり少ないのだとか。

キリスト教信仰に基づく人格教育を重視していて、毎日全校生徒がホームルームで礼拝をし、クリスマスやイースターなどの宗教行事は中等部の学校生活の大きな節目になっているようです。

香蘭女学校中高等科（女子校・東京都品川区）

キリスト教日本聖公会系のミッションスクール。1888年に設立され、創立135年を迎えた伝統校です。

2025年度より立教大学への推薦枠を97名から160名に増員し、この章の冒頭でも説明したように、事実上完全な系属校となりました。香蘭女学校と立教大学はともに聖公会関係学校に属し、協定に基づいて立教大学への推薦枠が設けられています。今回の改革で中学入試の偏差値が上昇するのではといわれていて、注目が集まっています。

校則は比較的緩やかで、「携帯をロッカーにしまう」以外に特段の縛りなどはないようです。

この学校のすべての活動の根底には「お祈り」があり、お祈りの中で自らを省みることで生徒たちは成長していきます。

特徴的な行事としては、作文、英作文、絵画、書道の部門で優秀な作品を手がけた生徒に「ヒルダ賞」という賞が与えられるイベントが毎年11月に行われ、表彰される友人たちの作品を全校生徒で鑑賞し、感想をともにするようです。

中央大学附属中高（共学・東京都小金井市）

学校法人中央大学が設置する附属中高で、「中附」と呼ばれています。

高校では**学年の8～9割の生徒が内部進学をし、外の大学に行く生徒は少数**です。

ちなみに、**中央大学への推薦資格を保持したまま他大学を受験することが可能**となっています。早稲田の附属などでは内部進学の資格とトレードオフのところもあ

「中附」には校則は実質的になく、自由に学校生活を楽しむことができるという

るので、こちらの仕組みは「良いとこ取り」だと言えるでしょう。

中附での基本精神は「自主・自治・自律」だと言われていて、それが校風にも反映されています。

高校は、社会のルールや公共の福祉に反していなければ何をやってもOKという方針で、校則は実質的にないようなものと聞きます。服装髪色自由、バイトもやり放題とのこと。

「無秩序」に映ってしまう人もいるかもしれませんが、基本的に生徒たちの満足度は非常に高いようです。文化祭やハロウィンは脅威の盛り上がりを見せ、陽キャたちは夢のような高校生活を送ることができるかもしれません。

自らテーマを決め、文系の生徒は卒業論文を、理系の生徒は卒業研究を実施します。こちらの集大成作成の経験により、アドバンテージを持って大学生活をスタートすることができるようです。

法政大学第二中高（共学・神奈川県川崎市）

学校法人法政大学が運営する男女共学の中高一貫校です。**かなりの人気校で、2023年度の受験者数は神奈川県内で1位**となっています。

近隣の武蔵小杉にあるタワマン群に若いファミリー層が増えているのと、相鉄線の都心乗り入れに便利な武蔵小杉が最寄駅というのも人気の要因でしょう。

中学から大学までの「10年一貫教育」を掲げ、それに合わせた学習カリキュラムが実施されています。「体験重視の学習」「少人数分割授業」などが特徴で、英語や数学ではクラスを2つに分けてきめ細かなサポートが行われます。

こちらも**高校の選択授業では、「社会福祉学」「哲学概論」といった大学のような授業を受講することができます**。

部活動でも野球部、ハンドボール部などは全国レベルで実績を残しています。また、物理部が有名で、缶サット（空き缶サイズの模擬人工衛星）を打ち上げ、技術力を競う大会で5回全国優勝し、国際大会にも複数回出場しています。

校則については、スマホ禁止と身だしなみの指導以外はほとんど縛りもなく、比較的自由なようです。

以上、いかがでしたでしょうか。

同じ大学の附属校であっても校風が対照的だったり、内部進学率に大きな違いが見られたりします。附属校もカラーはさまざまなので、各校の説明会や文化祭などに足を運んだりして、しっかり受験校を比較検討する必要があるでしょう。

附属校は、小中高のどこからが入りやすい？

大学附属校を取り上げるにあたって、「利確」というワードを出しましたが、実際のところ、小中高どこから入るのが最も簡単なのでしょうか？

実は附属校というのは、中学受験に限らず幼稚園受験・小学校受験・高校受験など入り口がたくさん設けられているところが多いです。受験研究家である私は、各受験の動向を詳しく見ていますが、やはり「入りやすさ」は同じではないように映ります。

一般的には、**小学校受験よりは中学受験、中学受験よりは高校受験のほうが入りやすい**ように思います。理由としては、受験のタイミングが後ろになるほど、教育熱の高い受験ガチ勢家庭の割合が薄まってくるからです。

小学校受験では、早慶や青学、立教といった学校がありますが、いずれも超高倍率となっています。2022年度入試の志願倍率を見てみると、慶應横浜初等部が13・8倍、早稲田実業初等部が10・3倍、慶應幼稚舎が11・0倍など、中高受験とは比べものにならない高倍率です。最も教育熱心な受験市場の中で10倍以上の倍率を勝ち抜く必要があるというのは、相当厳しいのではないでしょうか。

また、古くからの伝統校の場合、親族に出身者がいるかどうかという縁故の部分も見られるといい、必ずしも本人の能力だけではないところも難しい点です。とある学校などは、お金の力だけで入ろうとしたら億単位の寄付金が必要になるという噂もあります。こうした、自分のポテンシャルだけではどうにもならない要因が関係するという意味では、小学校受験が最も難しいといえるのではないでしょうか。

次に難関なのが中学受験でしょう。中学入試での附属校の難易度は非常に高く、早慶附属に至っては、男子は新御三家クラス、女子は御三家クラスの難易度です。

しかし、小学校受験と比較すると親の財力などの要素が減り、**学力さえ身につけてしまえば合格のチャンスは広がって、縁故や親の収入額によりすぎない「公平な選抜制度」に近づく**と考えます。実際、私の知り合いで、平均以下の世帯年収の家庭から早慶の附属に中学受験で合格したケースもあります。

附属高校受験は**中学校受験と比較してさらに入りやすくなります**。特に首都圏で

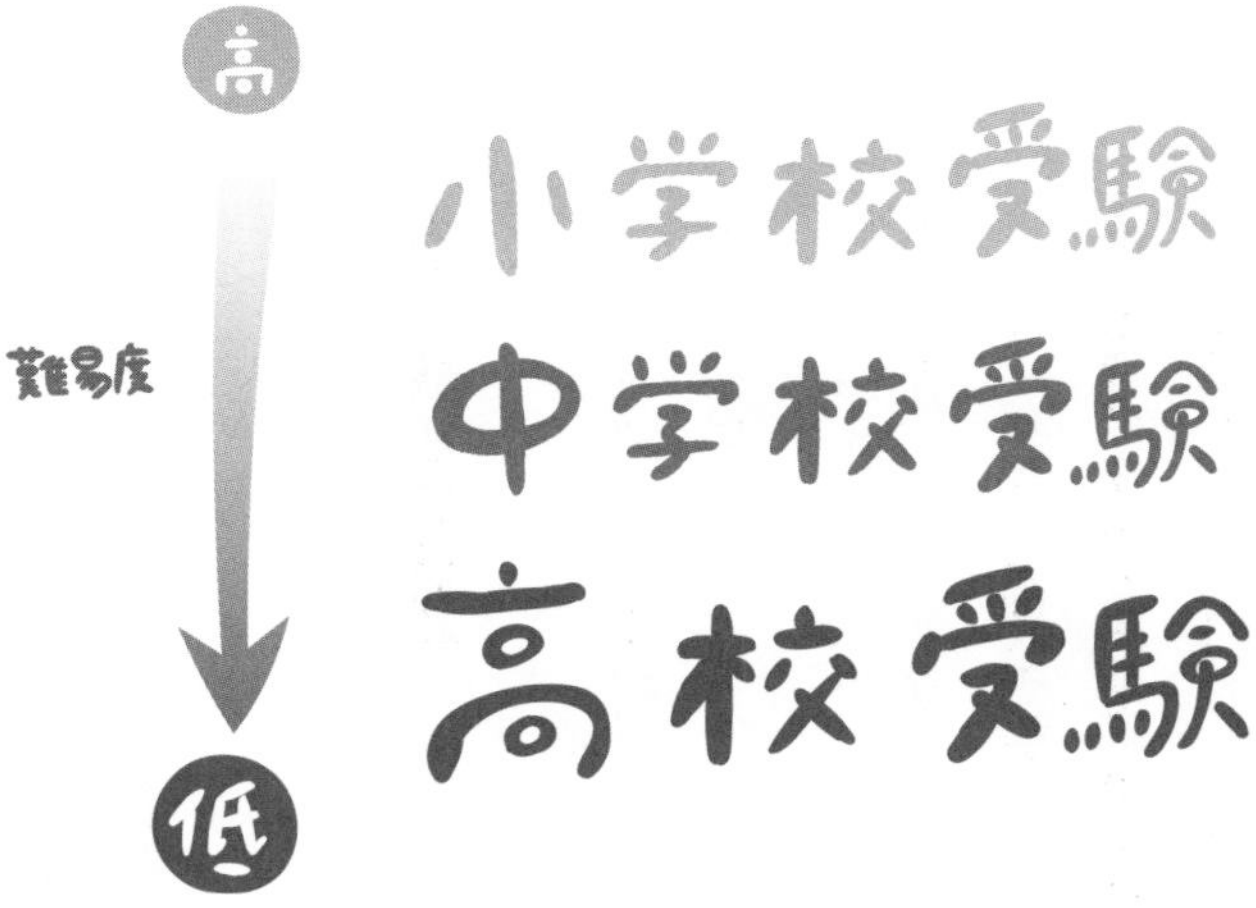

附属校受験のタイミングは後ろになるほど難易度が下がっていく

は小学校受験・中学校受験で上位2割が抜けるため、上位層がいない状態での戦いになるからです。

しかも、小学校受験、中学校受験とは比較にならないくらい募集枠は大きく設定され、門戸はかなり広がります。

男子に関しては受験できる学校数も増え（たとえば早慶附属だと5回ほどチャンスがある）、受験の機会も広がります。早慶に行きたい人が早慶各2校ずつ受験して1つでも受かったらOKと考えれば、小中受験よりはやさしいと感じるはずです。

さらに、早慶やGMARCHの附属高校は国数英の3科目で受験が可能という特徴があります。同じ首都圏の高校受験でも、開成や筑波大附属駒場といった最難関国私立進学校、日比谷や西などの最難関公立進学校は入試で5教科（国数英理社）の学力が問われます。そのため、早い段階から科目を絞って学習できるという点も附属高校受験のメリットでしょう。

最後に、学部を選ばないという前提でこちらに大学受験を追加してよいのなら、**大学受験が最も簡単**でしょう。その最大の理由としては、たくさんの学部を乱れ打ちできるという点です。文系学部だけでも早稲田大学には10、慶應義塾大学には6つの学部があり、受験日程もバラバラです。10回受験して1学部受かればもう早稲田生か慶應生になれるのだと考えたら、かなり容易なことに聞こえるでしょう。

さらに、GMARCH以下の大学に至っては、同一学部であってもいろいろな方式（全学部入試、個別入試、共通テスト併用入試など）で何度も受けられたりします。

実際、**中学・高校受験の際に早慶やGMARCHの附属校に手が届かなかった人でも毎年多数の早慶文系合格者が出ています**。高校1、2年生のうちから文系3科目に絞り、乱れ打ちして合格するというのはそれほど難しいことではないのです。

しかも、大学受験では浪人もできます。ある意味エンドレスにチャレンジできるという条件も考慮すれば、やはり最も入りやすいと思います。

POINT!

◎附属校バブルは以前より落ち着いていて、内部進学枠や連携校が増えるなど選択肢が広がっている

◎進学校は柔軟に大学学部選択ができるというメリットがある一方で、6年間のうちに学力が下がってしまうなどのデメリットもある

◎附属校は12歳の時点で最終学歴を「利確」できる一方、GMARCHレベルであればコスパが悪いなどのデメリットもある

◎附属校は内部進学のしやすさやそれぞれのカラーなどかなり異なるので、詳細なデータを比較したい

◎小学校～大学まで、一般的には受験時期が後ろにずれたほうが難易度は低い

第5章

自立心が育つか否か？
管理型
VS
自主性重視型

偏差値は同じでも、教育体制は千差万別！

これまでの章でも触れましたが、同じような偏差値ライン、「附属校 or 進学校」、「男女別学校 or 共学校」という点が共通していても、各学校それぞれの教育体制は千差万別です。

そこで本章では、教育体制の違いに目を向けていきたいと思います。

受験生とその保護者は、学校選びの際に、その学校の校風にも目を向ける必要があります。基本的にこちらは濃淡がさまざまで、まさにグラデーションなのですが、すべての学校は「管理型」「自主性重視型」に大別されることになります。この章では、それぞれの特徴やメリット・デメリットについて言及していきましょう。

▼規律を重視！「管理型」の特徴とは？

「管理型」の厳密な定義はありませんが、**「生活指導などの規則」「学習指導」のい**

ずれか（**または両方**）**に熱心に取り組み、規律を重視している**のが管理型学校だといえるでしょう。

そもそも、よく聞く「管理教育」というのはなんなのでしょうか？　その歴史と定義を見ていきたいと思います。

いわゆる「管理教育」とは、学校側が一元的に生徒の在り方を決定し、それに従わせる様式の教育方法とされ、１９８０年代の「反管理教育運動」において、その問題を可視化するために用いられた用語です。

主に、指導上やむを得ないと考えられる範囲を逸脱した規則や罰則などを「行きすぎた管理教育」として問題提起する場面で用いられ、日本の戦前の教育（徴兵制度を含む）との関連性も指摘されています。

また、当時の企業社会は年功序列で（今の日系企業もさほど変わっていませんが……）、上の立場の人に従順な社員が必要とされていました。当時は精神論・根性論に基づく体育会系で縦社会的な発想に起因した教育が日本中で展開され、教員による体罰も珍しくありませんでした。男子は坊主頭が強制されたり、男女交際が禁止されたりというのも当たり前の光景だったのです。

当時の管理教育は、学業面における「詰め込み教育」と親和性が高かったといわれています。詰め込み教育は、知識を頭に詰め込むことに重点を置いた教育で、「ゆとり教育」の対義語として用いられますが、基礎学力を定着させることができるというメリットがあるといわれていました。

しかし、詰め込み教育の弊害として、勉強についていけない生徒が激増するという副作用も生みました。そうしたドロップアウト組が増えたことにより、1980年代の学校では、校内暴力やいじめ、非行といった問題が発生し、社会問題にもなったのです。

それでは、**こういった管理主義的な教育は「悪」で、生徒たちの自主性に任せた教育が正しいのかと言われると、そうも単純な話ではない**ようです。

管理教育の対義語である「自由主義教育」は、無秩序な集団を見て見ぬふりをする「放任主義的な教育」であるというマイナスな見方をされることもあります。特に、**学力低下の原因とされた「ゆとり教育」の問題が取り沙汰された際には、以前**

の管理教育（**詰め込み教育**）**の必要性が叫ばれることになりました**。

私自身も、かつてのような根性論に基づく指導には眉をひそめてしまいますが、これから紹介する**「令和の管理型学校」にはメリットも多くある**と考えています。

現在の管理型の学校では、体罰のようなものこそなくなったものの、明確な目的を持って規律を重視しているところは多く見られます。

生徒指導に目を向けると、校則などの規律が厳しく、スカート丈など服装の規定が設けられていたり、厳格な頭髪検査を実施したりするところもあります。

学習指導に関して言えば、**面倒見がよく、補習や志望校対策にも熱心**（言い方を変えればお節介？）なところが多いようです。

▼予備校いらずの熱心な学習指導！　「管理型」のメリット

管理型の学校は一見手厳しそうに感じてしまいますが、今述べたように**「大変面倒見がいい」学校**というポジティブな見方をすることもできます。

中には「特進コース」というような勉強に特化したコースが設けられた私立校も

「管理型」の学校では特に熱心な学習指導が行われている

あり、勉強合宿や予備校とタイアップしたイベントを実施しているところもあります。「受験指導は学校に任せておけば大丈夫」というスタンスで、**予備校に頼らなくても受験を乗り切れるよう工夫されています。**

毎日の7限授業に加え、土曜日に補習が課されたり、小テストの追試などが課されたりするところもあります。こうした〝受験監獄〟は進学実績が良いことでも知られ、生徒たちも手厚い指導に感謝している人が多いようです。

キリスト教系の学校を見ると、カトリック系とプロテスタント系に分けられますが、カトリック系は規律を重んじる傾向にあり、管理型の学校と相性が良いように思います。

学業面に目を向けても、カトリック校は「学問に対する敬虔《けいけん》な気持ち」を持つところが多く、しっかり勉強させて進学実績も良い傾向があるように思います。対してプロテスタント系の学校は自主自立の精神を大切にしていて、自由主義的な雰囲気のところが多い印象です。

このような「管理型」の学校は、**自分だけで勉強方針が立てられなかったり、周りに流されたりしてしまいがちな生徒にとっては願ったり叶ったりの環境**でしょう。実際、後ほど紹介する西日本の〝受験監獄〟は、**その入学難易度と比較すると驚くほどの進学実績**を残しています。やはり、**思春期の中高生にとってあまりにも自由な環境の中で自らを律して勉強に励むというのはかなり難しい**はずです。

中高一貫校だと高校受験もないため、完全に自由な環境が与えられると、どうしても中だるみしてしまいがちです。そのため、学校側が熱心にお尻を叩いてくれることで、なんとか学力を堅持できるという側面もあるはずです。

生活指導面の厳しさに目を向けても、**厳しい規律によって心身ともに鍛えられ、人間的に成長した**という声もよく耳にします。礼儀正しく、上下関係にも気を遣える卒業生が多く、これは将来の社会人生活を考えてもプラスに働くでしょう。

伝統的な日本企業においては、上下関係を重視し、決められたことを忠実にこなすことがかなり重視されるので、こうした厳しい環境を経験した人は活躍できる可能性も高いはずです。

特に、精神的な発達がゆっくりで、子どもらしいタイプの生徒には、こうした学校のほうが合っているのかもしれません。

▼自主性が育たない⁉　「管理型」のデメリット

「管理型学校」の弊害としてよく挙げられるのは、**自主性があまり養われない**という点でしょう。

学校におんぶに抱っこの状態で大学受験を乗り切り、いざ大学に入ると、何をしてよいのかわからなくなってしまうという話をよく聞きます。高校までは、ただ先生に言われるがまま行動し、学校に指定された通りに勉強していればよかったところが、大学以降の圧倒的な自由に直面し、何をしてよいのかわからなくなってしま

「管理型」の学校の出身者は、大学以降何をしたらいいか悩むこともあるという

う、というものです。

いわば「従属的なメンタリティ」が養われてしまうということでしょうか。

日本の伝統的な大手企業などに就職する場合であれば、こうしたメンタリティが有利である可能性は高いです。私の前職であるM銀行でも、規律を重視する環境で鍛えられてきた同僚が多かった気がします。

ただ、変化の早いこれからの時代、そうした「上の言ったことを忠実に実行する」人よりも、自主性を持っていろいろなことにチャレンジするといった、型にはまらない人が求められるようになるでしょう。

そうした人は、徹底した管理型の教育下では生まれにくいのではないでしょうか。

それから、管理教育を受けて大学に入ってきた学生たちは、**反動によって一定の確率でハメを外しすぎる傾向**もあります。私の大学の知り合いに管理教育で有名な進学校の出身者がいたのですが、彼のはっちゃけぶりには驚きました（お酒や女性に乱れ、当然のように留年に……）。

恋愛禁止・厳格な服装の規則などの厳しい校則を6年間経験した彼らにとって、大学時代にすべてが解き放たれてしまうのはやむを得ない気もしますが……。

〝受験監獄〟と呼ばれる西の高校でも、東大や医学部に入学して一人暮らしを始めた途端、狂ったように遊びまくり、怒濤の勢いで留年していくという話もあったりします。

POINT!

「管理型」学校のメリット

◎予備校に頼らなくても受験を乗り切ることができる

◎周りに流されやすく、自分で律することができない子どもには向いている

◎入学難易度と比較すると驚くほどの進学実績を残している

「管理型」学校のデメリット

◎自主性が養われず、大学に入ると何をしていいかわからなくなってしまう

◎管理教育の反動からか、大学以降にハメを外しすぎてしまう

▼進学実績はお墨付き！　「管理型」の教育を実施する学校

管理型の学校は手厚い受験指導に定評があり、進学実績が良い傾向にあります。ここから「管理型」の教育を実施する学校をいくつか解説していきましょう。

豊島岡女子学園中高（女子校・東京都豊島区）

第2章でも紹介した、近年勢いに乗っている女子校で、規律が厳しいというより、**「学習管理」を熱心に行っていることで知られる学校**です。**徹底した学習指導により、現在全国トップクラスの進学実績を叩き出していて、「予備校いらず」といわれるほど充実した学習指導が行われている**のが特徴です。

基礎学力を定着させるための小テストが毎月実施され、合格点を取れなければ何度も追試を受け続けることになるとのこと。これは「月例テスト」と呼ばれ、高1までは「漢字・英単語・数学」の3つ、高2以降は「古文単語、英単語、理科or

社会」の3種類のテストが課せられるようです。

第2章でも説明したように、生徒同士でテスト前に自主的に集まって勉強することも多いなど、勉強に積極的な子が多くいる印象です。

2022年度入試からは高校からの入学者の募集を停止し、早慶MARCHなどをメインで狙う私立文系向けのクラスも廃止。学校側の、東大や医学部など最難関校への合格率をさらに高めていきたいという意向を感じます。

「空き缶を見つけたら競って取りに行く」とたとえられるほど負けん気の強い生徒たちが6年間スパルタ教育を受けるのですから、進学実績が全国トップレベルなのもうなずけますね。

栄東中高（共学・埼玉県さいたま市）

埼玉県にある共学の私立中高一貫校です。こちらも「学習管理」に熱心な学校として知られています。

例年1月入試を実施し、難関校狙いの受験生が前受け（第一志望受験前に練習として受験すること）で大量に受験することでも知られ、**毎年1万人を超える志願者が殺到**

することでも話題になります。**近年急激に進学実績を伸ばしていることでも知られていて、２０２３年度は東大13名、京大３名、国公立大医学部21名、早慶２２０名の合格者を輩出**しています。

校則はスマホ禁止、恋愛禁止といった規則も設けられているようですが、有名無実化しているという声も。ただ、**この学校は校則が厳しいというより、受験指導にかなり熱心な学校**として知られています。

学校には「ＳＣＣ（栄東キャリアクラブ）」という校内予備校があり、ほとんどの生徒がこちらを利用するようです。ＳＣＣでは学内の教員のみならず、外部の講師が来て授業をしたりもします。栄東の生徒は学校の授業に加え、ＳＣＣで夜遅くまで勉強することも珍しくないと聞きます。

英語や数学の授業では、小テストが実施されるために勉強習慣がつき、基礎固めができるようです。受かるまでテストが繰り返されるため、「エンドレステスト」と呼ばれています。長期休暇には宿題が多く課され、休み明けには学力テストでその成果が問われるとか。「部活動より勉強」のスタンスのため部活の時間は短く、生徒たちは早く引き揚げる必要があるそうです。

その熱心な指導の賜物か、**この学校の東大コースからは、2016年の東大文系首席合格者が出ています**。

明治大学中野中高（男子校・東京都中野区）

この学校は、**附属高校の中でも「規律が厳しい」**ことで知られています。基本理念は「修学錬身」「質実剛毅」「協同自治」となっていて、こちらからも厳格さがうかがえます。

生活指導面はなかなか厳しいようで、規律が重視されます。月に1度実施される頭髪検査は、前髪は眉上にするなど、年頃の男子にとってはやや厳しい基準で判断されますが、23年からツーブロックはOKになったとのこと。

制服や持ち物などの指導も厳しく、冬でもマフラーの着用禁止といった制限が課されるようです。スマホは朝のホームルームでクラスごとに回収され、日中は使用できなくなります。

これには「昭和的！」という声もありますが、**「修学錬身」の理念に則《のっ》ってたくましい男子に育てることを目標にしている**のが伝わってきます。

体育の授業では、特に柔道や剣道などの武道に力を入れることで、本物の礼儀作法への理解を深めることを目標にしています。

学習指導面でも、指名講習や追試などが設けられるなど、手厚いサポートも行われているようです。

巣鴨中高（男子校・東京都豊島区）

巣鴨中高では**厳しい規律の実行や行事が行われ、心身ともに鍛えられる学校**として知られています。

1910年に創立された私塾「巣園学舎」を始まりとし、「硬教育（努力主義）」による男子英才教育を実践して今日に至っています。

褌姿での遠泳、大菩薩峠越え強歩大会（全校生徒で夜通し山登り）、正月早朝から道場で実施される寒稽古、校門での持ち物検査（スマホ禁止）など、近年稀に見る厳しい教育が展開されています（スマホは没収されると卒業まで返ってこないとか……）。

OBは自虐の意味も込めて「巣鴨プリズン」「受験少年院」と称している人もいるようですが、**心身ともに鍛えられ、のちの人生に活きたというポジティブな声も**

多数あります。

学習指導に目を向けてみると、何度も課題の再提出や再テストが行われ、かなり手厚い指導が行われるようです。

この学校では特に医学部を目指す生徒が多く、医学部への合格者数では日本一になったこともあります。伝統的に、6年間の巣鴨でのスパルタ教育で心身ともに鍛え上げられ、最終的に医学部に進学してほしいという意向の家庭から入学してくる生徒も少なくないようです。

今の中学受験生の親世代が受験生だった1990年頃は、この体制がうまく機能していて、実際1992年には、東大78名、京大10名など全国トップクラスの進学実績を誇っていました。

しかし、近年はこうした厳格な教育方針が敬遠されることも多く、優秀層離れが起こってしまっているようです（御三家残念組が近隣の本郷中学に進学するように）。

ただ、巣鴨も時代の流れに適応し、厳しさは徐々に緩やかになっているとのこと。伝統もポテンシャルもかなりある学校のため、今後さらなる躍進を遂げる可能性は高いと思われます。

▼自由には責任がともなう！「自主性重視型」の特徴とは？

「自主性重視型」は、**「自由には責任がともなう」をモットーに、学校側が最小限のサポートのみ行い、生徒を規律で縛ることなくそれぞれの個性を伸ばしていこう**とする学校を指します。

最近出てきた教育理念と思われがちですが、実は、自由民権運動が活発だった大正時代の日本（1912〜1930年代前半）において、自由主義的な教育が実施された学校もあったようです。その時期、従来の画一的・形式的な管理教育ではなく、それぞれの子どもたちが持つ特性や主体性を大事にし、それぞれに合った指導方法や学習方法を実践しようという「大正新教育運動」が起こりました。

しかし、日本が軍国主義に進んでいく中で、個性を伸ばす教育は徐々に市民権を失っていき、上の命令通りに動く「超管理主義的」な教育がメインとなっていきます。そして第二次世界大戦が終わってもしばらくは管理型の教育が続きましたが、1980年代以降はいきすぎた教育が問題視され、自由な校風を取り入れるところが増えました。

自主性を重視する学校は伝統校、規律を重視する学校には新興の進学校が多いような印象を受けます。たとえば、男子御三家など戦前からの伝統を持つ学校は長い歴史と文化の積み重ねもあるため、自然と優秀な生徒が集まり、学習塾などの利用により（学校側がビシバシやる必要もなく）、高い進学実績を出すことができます。

反対に、歴史も文化も実績もほとんど持たない新興勢力は、スパルタ教育により、まずは実績を上げる必要があります。そうした新興勢力も、高い進学実績が板についてきた頃には、自由主義的な風土を取り入れる傾向にあります。

自主性重視型の学校は、良くも悪くも生徒を大人扱いし、信頼しているため、生徒会の運営やクラブ活動も基本は生徒たちのみで行うことになります。

受験指導においても、学校側は志望校の相談などには対応するものの、かなり熱心に補講や小テストを行い、生徒たちと二人三脚で大学合格を目指すというようなところはほとんどありません。

「受験勉強は外（予備校）で済ませてきてね」というスタンスですね。

▼個性や自立心が育つ「自主性重視型」のメリット

「自主性重視型」の学校のメリットとしてまず挙げられるのは、生徒**それぞれの個性や自立心、責任感を伸ばせる点**でしょう。

日本の学校（特に義務教育時期）は基本的に管理の側面が強く、一般的に集団の中ではみ出さない善良な市民を輩出することを目標とした教育が展開されています。

こうした「出る杭《くい》は打たれる」横並びの教育の結果、型にはまった大人ばかりとなり、イーロン・マスクのような型破りな起業家が生まれなくなっているとの指摘もあります。実際、私が通っていた公立小中では、「皆と同じ」であることが正しいと叩き込まれ、私のような風変わりな生徒は教師陣から疎《うと》まれていました。

自主性重視型の学校ではこうした心配はいらず、髪形や服装などとともに**それぞれの個性が尊重され、「自分の強み」を生かせる人材を多く生む**印象があります。

私の個人的な経験がもとですが、公立進学校出身の人はバランスがとれていて尖

「自主性重視型」の学校では、それぞれの個性が尊重される傾向

った人が少ない一方で、麻布や女子学院といった自由闊達な中高一貫校出身者は個性豊かで一芸に秀でたおもしろい人材が多いように感じます。

「自由には責任がともなう」という考え方を実感するのは通常大学生以降ですが、中高生のうちからそうした環境に身を置けば、**自分の学びたいことを主体的に選択したり、将来のことを早い段階から真剣に考えたりすることにもつながる**でしょう。

学校側が小テストから受験対策プリントまで用意してくれる学習管理型の学校では得られない「自己管理能力」が身につくかもしれません。

▼落ちこぼれる可能性も!?　「自主性重視型」のデメリット

「自主性重視型」といえば聞こえはいいのですが、それは先ほども述べたような**「放任主義的な教育」**であるという見方もできます。

生徒の自主性に任せている学校では、受験対策なども個人任せということも多く、自分自身をしっかり律することができないと、どんどん落ちこぼれてしまうというリスクがあります。

実際、自由すぎるがゆえに一線を越えてしまい、停学や退学となる生徒は現実に存在します。

学習面においても、手厚く指導してくれる「管理型」の学校では、繰り返し小テストを実施したり、何度も補習の時間を設けたりするなど、生徒たちが落ちこぼれないよう教師陣が全力でサポートをしてくれます。また、落第しそうな生徒にはマンツーマンで指導するところもあります。

自分を律してコツコツ勉強できないと、「自主性重視型」の学校では難しそう

しかし、自主性重視型の学校でこういったことはあまりないようです。

学業においてもあくまで「自主性重視」なので、成績が低迷したとしても、基本的に教員側から手を差し伸べてくるところはないでしょう。

慶應普通部や中等部の進学先の慶應義塾高校は、かなり自由な校風で知られますが、実は、例年**学年の1割程度が留年**しているのです。

学校側から何も言われなくても自分を律してコツコツ勉強できるタイプでないと、こうした自主性重視型の学校でやっていくのは難しいかもしれません。

POINT!

「自主性重視型」学校のメリット

◎個性や自立心、責任感が伸ばせる

◎学びたいことを主体的に選択したり、将来のことを早いうちから考える力がつく

「自主性重視型」学校のデメリット

◎手厚い学習指導はなく、成績が低迷したとしても、手を差し伸べてはくれない

◎自分で自分を律し、コツコツ勉強できるようなタイプの子どもでないと難しい

▼個性を尊重！　自由な教育を実施する学校

偏差値の高い中高は生徒の精神年齢が高いこともあり、それぞれの自主性に任せるところが多いのですが、なかでも特に自由な校風の学校を取り上げていきます。

麻布中高（男子校・東京都港区）

第2章でも紹介した麻布中高は**自由な校風の代名詞**として知られています。**この学校には制服も校則もありません**。一応不文律はあるものの、「授業中の出前、授業中の麻雀、鉄下駄禁止」を守ればOKとのこと。あまりの自由ぶりに「中高を飛ばしていきなり大学に入ったような感じ」と語るOBもいるほどです。

この学校では自主・自立の校風のもと、入学試験を除く学園生活の大部分で生徒に「自分で考えさせる」ことが重視されています。

麻布には生徒会組織がなく、予算委員会、選挙管理委員会、文化祭実行委員会といった委員会がそれぞれ独立して設置されています。教員側は一応それぞれの組織の相談役として据えられていますが、生徒側の意思決定に教員が直接介入・干渉することはできないようです。

もちろん、髪色や服装、アクセサリーの装着なども自由で、文化祭実行委員が髪をピンクや緑に染めるのは有名ですよね。

学習指導においては**完全放任というわけではなく、精神面でサポートしてくれる良き理解者**という感じのようです。ただ、学校の先生が熱心に受験対策の補講を行ったり、大量の課題プリントを出したりするということはなく、東大や医学部を目指す生徒たちは、受験対策は予備校に頼るとのこと。

ただ、生徒たちが自由を謳歌《おうか》しすぎるためか、中学受験の難易度と比較すると、進学実績が芳しくない年も見られます（最近では東大合格者が60人程度の年も）。

新御三家の駒場東邦などよりも中学の入学難度は高いはずですが、出口の合格実績では逆転されていたりします。

女子学院中高（女子校・東京都千代田区）

プロテスタント系のミッションスクールです。こちらは**女子御三家の中で最も自**

由な教育方針であることで知られています。同じキリスト教系でも、プロテスタント系はカトリック系よりも規律が緩やかで自由闊達という特徴があります。

よくある**同調圧力のようなものも少なく、生徒は「人は人、自分は自分」といったサバサバしたマインド**を持っています。

第2章でも述べたように、校則はほとんどなく、服装や髪形、化粧も自由で、なんと校門も存在しないようです（朝の礼拝に遅刻すると注意されるみたいですが……）。また、生徒会やクラブ活動が活発に行われていることでも知られています。

女子学院が求める人間像は、キリスト教の精神に基づき、「自分で自分を治める人」であるといいます。ただし、**「自由には責任がともなう」と、学校側から口を酸っぱくして言われる**そうです。

学習指導は最小限のことしか行わず、**受験勉強も「自己責任」で乗り切らなければなりません**。学校側は受験勉強のサポートを熱心に行ってくれるわけではないため、サボればサボるだけ、そのぶん見事に成績が落ちていくのだとか。

新興の進学校のように成績が良い生徒を東大や医学部受験に向けようとすることもなく、成績が上位でも音大や美大に進学するケースもそこそこあるようです。偏差値では大差ない豊島岡女子学園より東大や医学部合格率が低いのは、こうした学習環境の違いが影響していそうです。

中央大学附属中高（共学・東京都小金井市）

第4章でも取り上げた「中附」こと中央大附属中高も、**大変自由な教育が施されている学校の一つ**でしょう。教育目標は「自主・自治・自律」。こちらも**のびのびと個性を育み、自分の行動に責任を持って成長する**ことを目標としています。

「126文字の基本ルール」という最小限の規律が設けられ、そこには「真の自由は、自己を律することで得られる」とあり、自主性を重視する方針がうかがえます。

中学には「中附スタイル」と呼ばれる制服がありますが、いろいろな選択肢から好きなコーディネートを選択するという柔軟なものです。

高校では制服もなく、校則も公序良俗に反しなければOKらしく、メイクやピアスをして学生生活をエンジョイする生徒もいるようです。体育祭では髪を自分の組の色にしたり、文化祭（白門祭）で奇抜な髪色にしたりする生徒も見られます。

高校では、TPOに合わせたスマホ使用もOKらしく、授業の合間に調べものを

授業中にスマホを使用することもあるという「中附」の高校生

している生徒も多いのだとか（中学は所持はOKだが、使用はNG）。

行事熱も高く、生徒たちは全力で文化祭などを盛り上げていきます。校舎の一号館には文化祭に向けて描かれた階段アートが広がっていて、中附の自由を象徴している気がします。

このように自由で活気のある学校なので、おとなしめの子には合わないかもしれません。それから、当初大学受験を考えていた生徒も、中附のあまりに楽しい学校生活にはまり、「中大に行こう」となる人も多いという声もあるので、大学受験も頑張りたい人は強い意志を持って入学すべきかもしれません。

本郷中高（男子校・東京都豊島区）

こちらは近隣の「管理型」の中高である巣鴨中高との対比で取り上げました。**1990年前後には50程度だった四谷大塚の偏差値は、今や60程度まで上昇**。対して、当時65を超えていた巣鴨の偏差値は55程度に下落しています。

本郷の難易度上昇に連動して巣鴨の難易度が低下しているようで、これまで巣鴨を受験していた層がこちらに流れてきていることが見て取れます。

この学校はもともとスポーツの学校として知られていて、サッカーやラグビーは全国レベルの強豪として名を馳《は》せていました。オリンピック金メダリストの競泳選手・北島康介さんの出身校でもあります。EXILEのATSUSHIさんや芸人「令和ロマン」のくるまさんもこちらの出身です。

現在でも「文武両道」を教育目標とし、勉強とクラブ活動の両立が推奨されます。グラウンドが人工芝になり、よりスポーツに適した環境になったようです。

「自学自習」を尊重している点も特徴的です。基本的に生徒の自主性に任せる運営ですが、学校独自の数学検定や英単語試験検定が用意され（得点に応じて級や段が認定される)、男子の自然な競争心を刺激する仕掛けが施されています。
徹底した管理教育が時代錯誤に映るようになり、自発的な動機付けがウリのこの学校に受験者が流れてきていると私は見ています。近年は麻布などの併願で受験する生徒も増えているみたいですね。

以上、ここでは自由主義的な学校の中でも特徴的な学校を取り上げました。
ですが、多くの学校はこれらの中間地点に位置し、基本的にこうした傾向には濃淡があります。「子どもに将来どうなってほしいか」を具体的にイメージして学校選びをされることをおすすめします。

POINT!

◎近年は「管理型」の教育より、「自主性重視型」のほうが人気
◎多くの学校はこの2つの傾向の中間地点に位置する。子どもにどうなってほしいかをイメージして学校を選ぶのが重要

「超スパルタ進学校」の実態とは？
西日本の〝受験監獄〟を紹介！

ここまで、中学受験ブームの発端的立ち位置にある首都圏の学校を見てきましたが、西日本に目を移すと、伝統的にかなり厳格な管理教育を行い、いわば〝受験監獄〟化している学校が多数存在しています。

東大・京大・国公立大医学部など志望校別にコースを設け、徹底した受験指導を行う学校や、携帯やゲームなど持ち込み不可の寮が完備する学校も多くあります。

せっかくなので、ここでは西日本の「スパルタ進学校」も少し取り上げていきたいと思います。

スパルタ進学校①　西大和学園中高（共学・奈良県北葛城郡）

この学校は近年最も注目されている進学校の一つで、**関西の学校にもかかわらず東大合格者数ランキングでトップ10の常連**となりつつあります。

親世代の受験時にはまだ進学校としては知られておらず、子どもの受験を機にこ

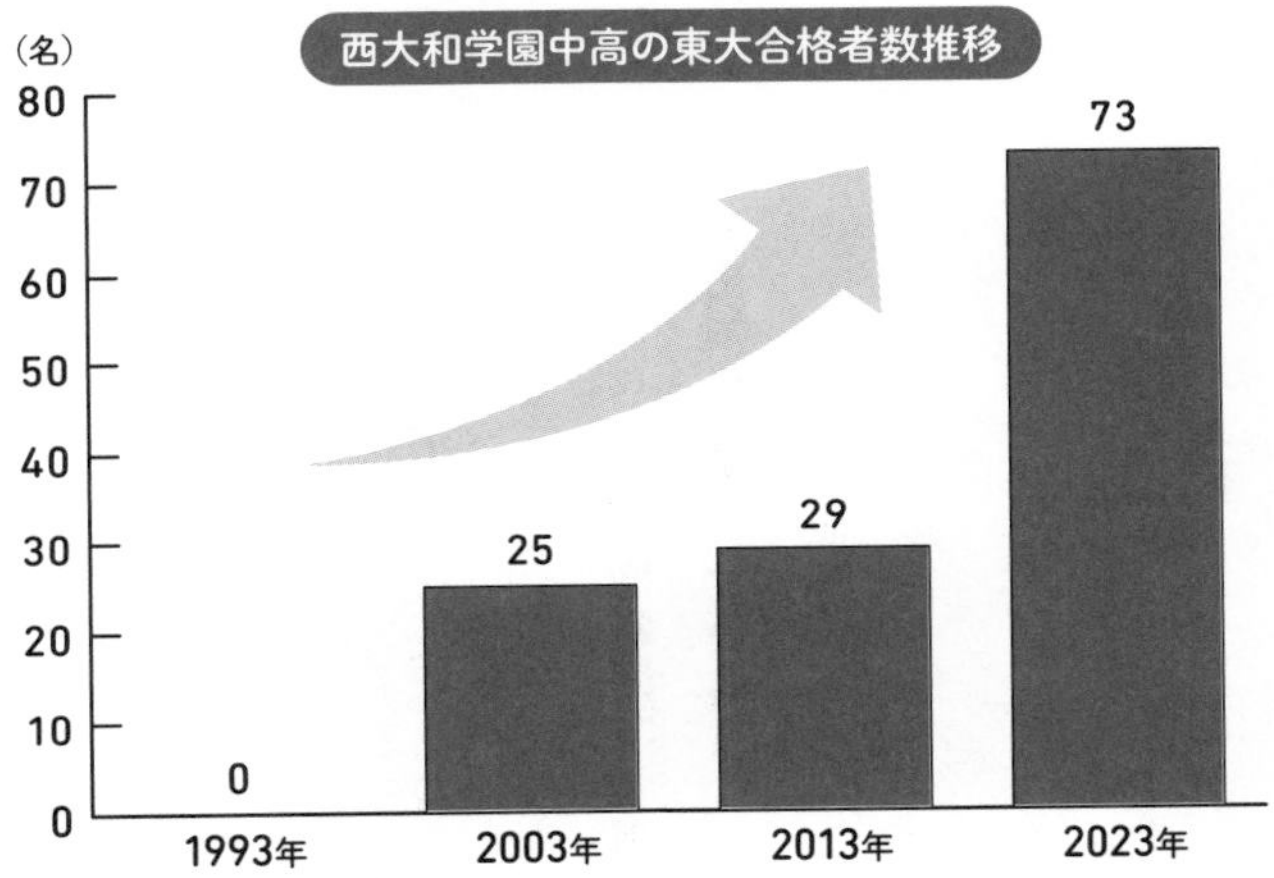

出典：「進学校データ名鑑」

この現在のランクを知り、仰天した方も多いのではないでしょうか。

東大合格者数の推移を10年ごとに見ていくと、0名（1993）→25名（2003）→29名（2013）→73名（2023）と、破竹の勢いで増加しています。

実は、開学当初の経営路線は「文武両道」であり、難関大進学を目指しつつ、部活動でも実績を出そうとしていたようです。

しかし、進学派の教師と体育教師の対立が起こるなどし、こちらの二兎《にと》を追う方針は早々に取りやめとなります。そこでこの学校は、進学指導に「全振り」しようという方針に切り替えました。

受験情報サイトの口コミや、Xでの在校生の声を総合すると、「3年間ひたすら勉強していた」と語る人が目立ち、特に高校入学組の授業進度は凄まじく、数学ⅠAを1カ月で終了したとの声もあります。

校内の教員のみならず、進学塾の講師が20時30分まで校内と寮で学習指導をしているようです。毎朝の小テストが実施され、先生手作りのテキストが配付されるなど、受験指導には大変な力の入れようです。校則もやや厳しめで、スマホの持ち込みは禁止されているとのこと。

生徒は**「受験少年院」と自虐しながらも、まんざらでもないような様子で、むしろ母校に感謝している**ように見受けられます。どうしても東大・京大・医学部に入りたいという志のある子にとっては理想的な環境かもしれません。勉強は二の次で、青春を全力で楽しみたいという子は、自主性重視型の学校や公立校のほうがよいかもしれませんが。

スパルタ進学校② 岡山白陵中高(共学・岡山県赤磐《あかいわ》市)

岡山白陵中高は礼儀作法にも厳しく、息苦しさを感じる生徒も少なくないようですが、**結果として自立心を確立することができ、社会人になって役に立った**という卒業生たちのポジティブな口コミも目立ちました。

男子寮、女子寮が設けられていて、全国から集まる向上心あふれる生徒はこちらで生活しているようです。寮生は1日3時間の学習時間が確保され、とても良い環境になっています。寮でも携帯電話の使用は禁止され、生徒たちはひたすら勉強と向き合うことになります。かつて寮生だった楽天の三木谷《みきたに》社長が、中学2年時に、あまりの厳しさに耐えきれず中退したというエピソードもあるほどです。また、姫路駅構内の「えきそば（立ち食いそば屋）」に学校帰りに立ち寄った生徒が停学になったという話も有名です（通学途中での飲食・飲食店立ち寄り禁止）。

学習指導が大変熱心なことでも知られ、「徹底的に勉強したいなら岡白《オカハク》」という共通認識もあるくらいです。

この学校はシステマチックな教育を行うことで知られ、こちらもほとんどの生徒が塾に行くことなく難関大学に合格していると聞きます。

2023年度入試では、東大12名、京大3名、国公立大医学部32名の合格者を輩出しています（卒業生164名）。

スパルタ進学校③　ラ・サール中高（男子校・鹿児島県鹿児島市）

鹿児島県に所在する中高一貫男子校で、福岡の久留米大附設中高とともに**九州の最難関校として双璧を成しています**。

この学校は、生活指導においてはそれほど厳しいわけではないのですが、**学習指導においてはなかなかのスパルタ**であることで知られています。

学習進度は非常に速く、高1のうちに数学ⅠA、ⅡBを終わらせるようです。特に高校受験組は1年間で中学組に追いつく必要があり、毎日6限まで授業、土曜日も授業が進められます。

この学校を語るうえで欠かせないのが「週テスト」と「寮生活」でしょう。

学校の授業とは別に、市販の問題集や難関大学の過去問を利用した「週テスト」が行われるようです。もちろん、テストをするだけでなく、出来が悪ければ追試も行われます（週テストが始まる前には「朝テスト」という小テストが毎日行われるとのこと）。

教師陣が毎週問題を自作し、200人以上の採点まで行うというのですから、かなり大変でしょう。

寮生活も、なかなか強烈です。

ラ・サールの寮では、**スマホ、テレビ、パソコンなしの完全デジタルデトックス状態**となります。年頃の男子にとっては大変そうではありますが、意外とすぐ慣れてしまうそうです。こちらでは「義務自習」という強制的な自習（1日3時間）が義務付けられているようです。

ラ・サールの先生は「ここを卒業したらどこでもやっていけるよ」と生徒たちを励ましているのだとか……。そのおかげもあって、全盛期（東大に100人以上合格）には及びませんが、東大37名、京大7名、国公立大医学部66名など素晴らしい合格実績を上げています（一学年200名）。

このうち**ほとんどの生徒が塾を利用しておらず、学校頼りでこの進学実績を叩き出している**ようで、いかに学習指導が熱心で充実しているかがうかがえます。

ただ、この学校の特に寮生は、娯楽の少ない中、一心不乱に勉強してきた生徒が多いためなのか、大学に入って一人暮らしを始めた途端に遊びまくり、留年してしまう人も少なくないようです（私の大学時代のサークルの友達もしっかり留年に……）。

こうして見てみると、同じ〝監獄〟であっても内情はさまざまで、心身ともに鍛え上げようという父性を感じさせる学校から、学業のサポートはかなり手厚いが校風は自由といった学校もあります。

どちらにせよ、こうした指導は生徒のためを思う愛情をもとに行われていて、決して生徒をただ痛めつけたいなどと考えているわけではないようです。

POINT!

◎「監獄」は厳しい校則のところが多いが、学業のサポートはとても手厚く、愛情を持って生徒の面倒を見てくれる

第6章

個性を活かそう！
発達障害の子の
受験校選び

発達障害の子どもたちの進路選択で大切なこと

近年「発達障害」というワードを聞く機会が増えたと感じている方は多いのではないでしょうか。

実際、2006年には全国で7000人程度だった発達障害のある児童の数は、2023年には10倍以上に増えています。

しかし、これは発達障害の発症や疾患の数が増えたというわけではなく、発達障害が広く認知されるようになり、受診に訪れる患者数が増加したことが原因だと考えられています。

一昔前であれば、クラスや職場にいる「ちょっと変わった人」たちが、そうした時代の流れを知って受診に訪れているという現状があるようです。

本章では、「そもそも発達障害とは何か?」「発達障害の特性がある子どもたちの進路選択」などについて見ていきたいと思います。

▼発達障害の種類と主な症状を知る

「発達障害」と呼ばれるものは、「ＡＤＨＤ（注意欠如・多動症）」「ＡＳＤ（自閉スペクトラム症）」「ＬＤ（学習障害）」の３つに大別されます。簡単に、それぞれの特性を見ておきましょう。

それらの中で、社会的に最も一般的な用語になりつつあるのが「ＡＤＨＤ」ではないでしょうか。この「ＡＤＨＤ」は、「不注意」「多動・衝動性」の障害といわれ、年齢、あるいは発達に比べて注意力が足りない、衝動的で落ち着きがないというのが主な症状となります。

アメリカ精神医学会の診断基準ＤＳＭ-５によると、その有病率は子どもで５％、成人で２・５％ほどのようです。

日常生活においては、不注意のために仕事や家事でミスを連発してしまったり、時間を管理できず遅刻をしてしまいがちだったり、課題の期限が守れなかったりするといった行動などがよく見られます。

それから、ADHDの特徴としては「実行機能の低下」も挙げられます。「実行機能」とは、情報に基づいて自ら意思決定を行い、プランニングをして実際に行動（課題処理）を進めていく能力です。

たとえば、新しい家具を購入して組み立てるときなど、説明書を読まずに場当たり的に作業を始めてしまい、結局後になって間違いがわかって最初からやり直し……というようなことは、あるあるだったりします。こうした「実行機能の低下」は行動や判断においてミスを引き起こしやすく、苦労している人も多いのです。

ただ、ADHDの人は**対人関係・コミュニケーションの面では問題ない（むしろ得意）ことも多く、友達付き合いなどの人間関係においては思ったほど苦労しない**ようです。

ほかにも、デメリットばかりではなく、**次々にアイデアを出すことができたり、型にはまらないクリエイティブな発想が得意だったりする場合も多い**ようです。

しかし、**学童期においては些細《ささい》なことで混乱しやすくなったり、情緒不安定になったり、怒りを爆発させてしまいやすくなったりする**ともいわれています。

続いて「ＡＳＤ」ですが、「コミュニケーション、対人関係の持続的欠陥」「限定的反復的な行動、興味、活動」が主な症状です。対人関係の障害に加え、特定の事物ややり方・手順に強くこだわる症状を示すことが多いようです。

こちらはコミュニケーション面で問題を抱えていることが多く、**集団の輪に入れなかったり、積極的な性格の場合でも、独特な距離感や空気を読まない発言などが理由で学校や職場で孤立してしまったりすることも珍しくありません**。

こうした「言語コミュニケーション」にとどまらず、「非言語コミュニケーション」が苦手という特徴もあります。表情やアイコンタクト、声の抑揚が不自然だったり、相手が嫌な顔をしても気づかず、平気で話し続けたりすることも多いです。

ただし、単にこうしたコミュニケーションの障害だけでは診断基準には至らず、「限定的反復的な行動、興味、活動」が見られる必要があります。よく見られるのが、鉄道車両の種類や時刻表、地理、野球のデータ、受験情報などに魅了されるケースです。こういった特定の事物への執着や、マイルールへのこだわりが見られない場合は、単にコミュニケーションが苦手なだけかもしれません。

ほかに、音や光などの感覚刺激に極度に敏感、または鈍感という特徴もあります。

このASDも、デメリットばかりではなく、**驚異的な集中力と分析力により、ある特定の分野で功績を上げたり、大きな発見につながったりする**こともあります。実際、世界的な起業家であるイーロン・マスクはASDであることを公表していますし、診断基準には至りませんでしたが、私自身も一部こうした傾向が見られるとクリニックで指摘されています。

最後に「LD」ですが、1995年の文部省の定義では、「全般的な知的発達に遅れはないが、聞く、話す、読む、書く、計算する、推論するなどの特定の能力の習得と使用に著しい困難を示す、様々な障害」とされています。

目安としては、学校での学習到達度に遅れが1~2年相当あることが一般的で、苦手な領域が一つの場合もありますし、複数にまたがっている場合もあります。

LDは大きく分けて「読字障害（ディスレクシア）」「書字障害（ディスグラフィア）」「算数障害（ディスカリキュリア）」に分類され、そのうち最も多く見られる障害は、読むことの障害である「読字障害」です。この障害があると、ほかの知的能力は問題ないのに、文字を読むことだけが著しく困難な状態となります。

ただ、こうした特性がある人は、代わりに**空間認知の能力や作業能力に長《た》けていることも多く、「匠」と呼ばれているような職人やアーティスト・芸術家も少なくありません**。ハリウッドスターのトム・クルーズは、小学生の頃に音読がうまくできず、「読字障害」であると診断されていますが、豊かな表現力を持ち、まさに世界的な俳優です。私の知人にもＬＤのある人がいますが、文字を読むのが苦手な代わりに、非常に高い運動能力と抜群の芸術センスを持っています。

さらに、診断基準には至らないものの、強めに特性が出ている「グレーゾーン」と呼ばれる人たちも増加しています。

発達障害というのは診断の基準が明確というわけではないようで、あくまで程度問題の濃淡がある症状になります。言ってしまえば、ＡＳＤないしＡＤＨＤの傾向は万人に多かれ少なかれあるものです。そのため、診断する側の医師によっても判断はまちまちで、あそこの病院では診断されなかったものの、ここの病院では診断された、などということもよくあります。

そのため、特性がやや強めではあるけれど診断名がつくほどではないという「グレーゾーン」と呼ばれる人も増えているわけです。

それから、これは勘違いされがちなのですが、発達障害はうつ病などといった精神疾患とは異なり、あくまで脳の機能の偏りによって起こる「特性」であり、治療を施せば必ず治るものではないということです。


以上、発達障害の各症状について簡単に見ていきましたが、実は症状が併存していることも多いようで、むしろ単一の症状のほうが珍しいともいわれています。

うつ病や摂食障害、不安障害や睡眠障害と合併することも少なくなく、**適切な環境が与えられないと、こうした二次障害に見舞われる**ようです。ある研究によると、ASDの70%以上、ADHDの50%以上がなんらかの精神疾患を併存しているという結果も出ているとのこと（『誤解だらけの発達障害』岩波明、宝島社新書）。つまり、**発達障害の傾向がある子がひとたび合わない環境にさらされると、高い確率でこうした精神疾患を発症し、改善までかなりの時間を要する**ことになります。

発達障害そのものよりも、副次的に発生した別の精神疾患のほうが厄介なものとなってしまうケースも多いので、**こうした事態に至らないよう、教育方針や環境選**

びには細心の注意を払うべきでしょう。

POINT!

◎ＡＤＨＤの人はコミュニケーション面では問題ないことも多いが、些細なことで混乱しやすく、情緒不安定になりやすい

◎ＡＳＤの人はコミュニケーション面で問題を抱えやすく、集団の輪に入れず孤立しやすいが、驚異的な集中力と分析力を持つ

◎ＬＤは「読字障害」「書字障害」「算数障害」に分類されるが、空間認知能力や作業能力に長けていることも多い

受験ですごい成果を出す場合も！「ＡＳＤ」の子の学校選び

「ＡＳＤ」の特性がある子どもは**興味の偏りが激しく、限定的な領域に固執した興味を持つ**のが一般的です。そのため、**「受験勉強」に興味関心が向いた場合、とんでもない成果を上げることも珍しくありません**。実際、御三家中学や東大京大などに合格する生徒の中には、こういった特性がある人も多いといわれます。一時期、「東大生の４人に１人が自閉スペクトラム症」というニュースが話題になったこともありました（多くの東大生から実態に即しているという声も）。

東大まで行かないにしても、ＡＳＤの子はそうではない子と比較して勉強が得意な傾向にあります。要因としては、ルーティーンワークが得意で学習習慣が確立しやすいこと、感覚ではなく論理で思考できることなどが挙げられそうです。

ただ、こうした特性がある子どもは社会性の面でビハインドを抱えていることが多いため、**学校生活の中で周りから浮いてしまったり、いじめに遭ってしまったりすることも珍しくありません**。実際、昭和大学附属烏山《からすやま》病院による調査では、

「ASD」のある子は勉強が得意な傾向にある

ＡＳＤがある人の約40％にいじめを受けた経験があることが明らかになりました。
（「成人期自閉スペクトラム症の生活，修学，就労状況に関する診療録調査」西尾崇志ほか、「精神科」第40巻第6号、２０２２年6月、科学評論社）

　こうした傾向がある子は**「勉強も行事も全力！」といった共学のリア充系進学校は避けたほうが無難**かもしれません。共学校になるとどうしてもスクールカースト的なものが生まれやすくなりますし、多感な時期に異性から受け入れられないと一生のトラウマを負ってしまいかねません。

　さらに、ＡＳＤ傾向の強い子はＡＤＨＤの子のような多動力（行動力）を兼ね備えていないことが多いので、ＡＤＨＤの彼らのようにさっさと中退してしまうというようなことはせず、合わない環境であっても黙々と耐えていることも少なくありません。

多大なストレスを抱えながらも周りにそれを打ち明けることができず、一人で苦しんでいる姿を想像すると胸が苦しくなります。

そのため、私はそういったタイプの子は**男女別の中高一貫校などが合うのではないか**と考えています。

男女別学校におけるスクールカーストは共学校と比べて緩やかで、独特な趣味を持つ子でも受け入れられる傾向にあります。こういった特性の強い子が比較的楽に学校生活が送れるという面はあると思います。

それから、昨今の止まらない共学ブームの中で、あえて男子校・女子校を選んできている人は、自分たちと同じ経験（疎外感など）を小学校までに抱えてきた人も多いと考えられ、そういう意味でもわかりあえる子たちが多いのではないでしょうか。

それから、特にハイレベルな別学中高一貫校には、公立校にないようなマニアックな部活、同好会などがあることも多いようです。自分たちで部活や同好会を作ることができる場合も多く、個性的な趣味を持つ子でも自分の居場所があると感じやすいでしょう。

ただ、将来大学や社会の中では異性と関わることになるので、異性のきょうだいがいない場合などは、共学である程度鍛えられたほうがよいという見方もあります。

こちらも事実ですが、発達障害といえど、その性質や強弱は千差万別なので、子どもの特性と将来を重視し、慎重に判断されることをおすすめします。

POINT!

◎ＡＳＤの子は、受験勉強に興味が向いた場合、すごい成果を上げることもある

◎共学のリア充進学校より、男女別の中高一貫校などが合っているかもしれない

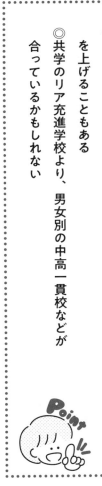

コミュ力が高い場合も！　「ADHD」の子の学校選び

「ADHD」の子は、**授業に集中することが難しかったり、忘れ物が多くなったりしてしまうことも少なくありません**。

また、**学校で不適応を起こしやすく、留年・中退・退学に至るケースも**あるようです。米国ウィスコンシン州における19〜27歳のADHDのある人を対象にした調査によると、高校の中退率はADHDのない人の4倍に及んでいたといいます（『発達障害「グレーゾーン」その正しい理解と克服法』岡田尊司、SB新書）。

その行動力も相まって、**環境が合わないとためらいなく学校に行かなくなる人が多いので、ADHDの子の学校選びはかなり慎重に行う必要**があります。

私は、ADHDタイプの子は、第5章で言及したような**「管理型」の学校にはあまり合わない**のではないかと考えています。

型にはまらずアグレッシブな彼らは、管理型の学校の厳しい校則や学習管理とは水と油のような関係だと思うのです。

「ADHD」の子に「管理型」の学校は合わないことが多い

多動傾向が強くて問題行動の多いADHDの子を超管理型の学校に押し込み、根性を叩き直したいという意向を持つ方も多いようですが、多くの場合は順当に不適応を起こしてしまっています。

たとえば、楽天の三木谷社長は著書の中で「自分にはADHD的な傾向がある」と語っていますが、彼は中学受験を経て入学した岡山白陵中学（厳しい管理教育で知られる。第5章参照）を、あまりの厳しさに耐えかねて途中退学しています（その後、公立中に転校）。

このような特性の子には、**自由でのびの**

びと個性を伸ばせる「自主性重視型」の校風が合っているのではないかと思います。

ＡＤＨＤ傾向が強い子は、将来一般的なサラリーマンや公務員になるより、起業したり、クリエイティブな方面で活躍したりする場合が多いかもしれません。

だからこそ、管理的な教育によってその個性を潰す必要はないと私は考えます。

ＡＤＨＤの子は、コミュニケーション面においてはＡＳＤの子ほど問題を抱えておらず、ほとんど問題が見られないことが多いです。そのため、いじめやからかいの対象になることは、ＡＳＤの子に比べると少ないようです。

ただ、衝動性が強いタイプだと、急に意見を変えて周りの友達を振り回してしまったり、突然怒り出したりするなどの傾向もあります。

ＡＤＨＤの子はむしろ、高いコミュニケーション力と行動力で、クラスの人気者になることもあるのです。

そのため、ＡＤＨＤの子は必ずしも男女別学校のほうがいいとはいえず、そちらに関してはどちらでもいいのではないかと思います。

POINT!

◎ＡＤＨＤの子は環境に合わないと学校に行かなくなってしまうことが多い

◎ＡＤＨＤの子は「管理型」よりも「自主性重視型」の学校のほうが合っている

◎ＡＤＨＤの子は高いコミュニケーション力でクラスの人気者になることも

発達障害の子に優しい学校もある

発達障害のある子にとっての学校選びは、そうではない子どもにとっての何倍も大きな意味を持ちます。

発達障害の特性がある生徒は、**できないことを叱責《しっせき》されると、特性のない生徒よりも失敗を引きずりやすく、自尊心が大きく損なわれてしまう**ことが知られています。

特に日本では、欧米諸国と比較すると同調圧力が強く、周りと同じであることが求められる傾向にあります。

そうした個性を認めない方針は、特性の強い子にとってはかなり苦痛に感じられることも多いようです。発達障害のある生徒がそうした環境に適応できず、不登校になってしまったり非行に走ってしまったりする可能性は、そうではない子どもと比較してもかなり高いことがわかっています。

小中学校の不登校児のうち、20%以上に発達障害、またはその疑いがあるという

発達障害のある子には「ポジティブな行動支援」が重要

データや、**非行で指導の対象になった中学生のうち、発達障害の疑いのある子は37%に及ぶ**というデータも出ています（『誤解だらけの発達障害』より）。

そのため、問題行動を叱って無理やり平均的な生徒に合わせようとする教育方針は逆効果であり、**得意なことや良い行動に注目してほめるという「ポジティブな行動支援」が重要**だといわれています。

たとえば、朝起きるのが苦手で遅刻ばかりしてくる生徒に対して、連日皆の前で叱責を繰り返すというのは最悪な対応であり、遅刻をしなかった日にそれをほめてあげるというような対応が望ましいといいます。

実際、こうしたポジティブな対応によっ

て問題行動が大きく減ったという結果も出ているようです。

たとえば**神奈川の聖光学院中高は、こうした特性のある子に優しい学校**だといわれています。

この学校では、私が通っていた公立中学で行われていたように、できないことに目を向けて叱責するようなことはせず、**得意なことに目を向けてそれを伸ばそうという方針**をとるようです。

また、いじめを見つけたら即退学というくらい校則が徹底しているので、こうした傾向がある子がいじめに遭い不登校になるということも少ないようです。

さらに、この学校は**不登校の生徒への対応が行き届いている**ことでも知られています。教師は不登校の生徒に、「留年なんてさせないから、来られそうなときにおいで」「おもしろそうな行事があったら来てみないか？」などと声をかけてくれるといいます。

ほかにも、学校側の具体的な対応としては、不注意や衝動性が激しいＡＤＨＤ気質の子は授業中に気が散らないようにいちばん前の席にしたり、ＡＳＤ特性の強い子が急な状況の変化にパニックを起こさないよう、前日に個別に活動内容を伝えておいたりすることなどが挙げられるでしょう。

こうした専門知識のある教員が一人いるだけでもだいぶ生きやすさが変わってくるのですが、必要な人員の確保や適切な支援体制がすべての学校で整うまでには、まだしばらく時間がかかりそうというのが現状でしょう。

学校説明会や個別相談会などの機会に、そうした対応が行われているのかどうかをヒアリングしておくといいと思います。

POINT!

◎発達障害がある子には、得意なことや良い行動に注目してほめるという「ポジティブな行動支援」が重要
◎聖光学院中高のように、得意なことに目を向けてそれを伸ばそうという方針をとっている学校もある

発達障害の子と内申制度のミスマッチ

発達障害の子を中学受験と高校受験、どちらの道に進ませようか悩んでいる方も多いと思います。特に、都立高校入試においては内申対策という関門をくぐる必要が出てきますが、一般的に、**発達障害特性のある子と内申制度の相性はあまり良くない**といわれています。

不注意優勢型のＡＤＨＤの子の場合、忘れ物などが多くなったり、遅刻が多くなったりしてしまうなど、先生から「困った子」の烙印《らくいん》を押されてしまうことも少なくありません。

ＡＳＤの特性が強い子の場合だと、**興味の偏りが激しく、実技科目を含むすべての科目でオールマイティに好成績を収めるのはかなり難しい**と考えられます。また、両者に共通する傾向ですが、特に副教科（体育・音楽・美術・技術家庭科）の内申点が取れないというのはありがちです。実技科目はペーパーテストの比重が低く、関心・意欲・態度といった社会性のようなものが求められがちです。そのため、いくらペーパーテストで点を取っても、積極的にスポーツに取り組んだり、意欲的に歌を歌ったりできなければ「5」や「4」をもらうことは難しくなってしまいます。都立高校では副教科の比重が高く設定されています。そのため、都立高入試を考えている場合は子どもの特性（内申点が取れそうか）と向き合う必要があるでしょう。たしかに、将来的には内申点獲得のために必要な社会性のようなものが求められてくるのは事実でしょう。ただ、精神年齢の発達がゆっくりである（実年齢×0・7ともいわれている）発達障害傾向のある子を、中学の段階からそうした「定型発達の子の論理」にさらしてしまうのはやや危険なような気もします。

特性が強く、どうしてもそうした「正しい行動」が難しそうな子に、無理やり先生に媚《こび》を売るような練習をさせ、エリート会社員予備軍に仕立て上げようとしたところで、そもそも無理があるのではないかと私は考えます。

そのため、勉強は得意だけど、同級生と比較して精神的に幼い、協調性が低い、先生に気に入られるタイプではない、といった兆候が小学校のうちから見られるようなら、**中学受験のほうが可能性は広がる**かもしれません。

中学受験では（一部面接のあるところもあるが）、**基本はペーパーテスト一発勝負で、**

筆記試験さえパスできれば突破できます。

ちなみに、子ども時代の私は明らかに「中学受験向き」でした。中学校で実施される実力テストなどでは常に学年上位で、得意科目では何度も学年1位を取ったこともありましたが、当時から先生に好かれるタイプではなかったため、内申点は全体でオール４弱と散々な結果でした。

中学入試や大学入試のように、単純にペーパーテストの点数順だけで合否が決まるのであれば自分はトップ公立高に受かったのに……としばらくの間引きずったのをよく覚えています（当時の愛知県は入試の評価比率の約４割が内申点となっていて、当日のペーパーテストでの逆転合格はほぼ不可能だった）。

POINT!

◎発達障害の子と内申制度の相性はあまりよくない場合が多い

◎ペーパーテスト一発勝負の中学受験のほうが可能性が広がる場合もある

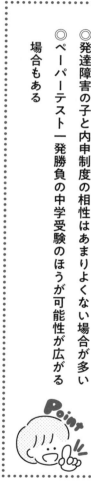

勉強が得意な発達障害の子におすすめの進路設計とは？

発達障害の中でも、ＡＤＨＤとＡＳＤは、「知的発達の遅れをともなわない障害」であり、**学習能力においては問題なく、逆にスイッチが入ると通常よりもかなり得意になる**ことも多いとのこと。むしろ、高学歴になるほど発達障害の傾向がある割合が増えてくる印象すらあるようです。

しかし、こうした高学歴で発達障害のある人材は、社会に出ると今までとはまったく違う世界に戸惑い、適応できなくなってしまうことも珍しくありません。

子どもの発達に偏りがあっても、学歴さえ身につければなんとかなるはずだと考える親御さんをしばしば目にしますが、私はその方向性には慎重になるべきだと考えています。

たとえば、**文系総合職に就職するといった選択は悪手**だと考えます。特に金融機関の総合職などは一つのミスにも厳しく、高度な調整能力やコミュニケーション能力も同時に求められます。文系で学歴が高い人が行く定番の就職先ではありますが、正直、発達障害（特にＡＤＨＤ）のある人にとっては最も合わない環境だといっても過言ではないはずです（診断基準に満たなかった私でさえしんどかったほど）。

このように、とりあえず将来潰しをきかせるために高い学歴をつけさせようという思いだけで、進路の方向性についてはあまり深く考えていないというケースは、往々にして悲劇をも生みます。

そうした事実を親御さんや本人が知らないまま、とりあえず文系が多く就職している企業などに決めてしまうと、適応障害やうつ病を発症し、そのままひきこもりやワーキングプアになってしまう可能性すらあるのです。

そうした特性がある勉強の得意な子におすすめなのは、ズバリ**【士業】**でしょう。

特に、最難関資格である医師・弁護士・公認会計士などは、一度取っておくと一生食いっぱぐれないともいわれています。実際、医師や弁護士の中にはこうした発達障害的傾向のある人も少なくないのですが、資格があるため、彼らは自分に合う職場が見つかり、家庭を持っている方も多いのです。

それ以外では、ＡＳＤ傾向の強い人は研究職や経理などの専門職に就くなどのルートもおすすめです。淡々とルーティーンワークをこなすのが得意で、一つのことを突き詰めたい研究者気質の彼らにとって、これらは適職だといえるでしょう。

一方、ＡＤＨＤ傾向の強い人は**ミスが許されない事務作業が多い仕事は避け、柔軟な発想力が活かされる、企画やマーケティングの仕事などが向いている**と考えられます。コミュニケーションが得意で行動力がある場合は営業職や記者職などでも力を発揮するでしょう。

このように、発達障害の子に関しては目の前の受験にとどまらず、**社会に出たあとの最悪のパターンまで予測し、「最適な生存戦略」を考えていく必要がある**でしょう。

POINT!

◎発達障害の子は文系総合職や事務職などではなく、「士業」や企画、マーケティングなどの職業が向いている

おわりに

「伊藤さん（じゅそうけんの本名）、中学受験経験者じゃないのにどうしてそんなに中受に興味があるんですか？」

中学受験に関連したネット記事を書くたびに、たくさんの人に聞かれたことです。

私が初めて「中学受験」というものを意識したのは、大学に入学した今から8年前のことでした。

地方（愛知県三河地方）出身で、中学受験とは無縁な地域で生まれ育った私が東京の大学に入学すると、周りに中高一貫校出身者が多いことに気づきました。

彼らの話を聞くにつけ、私自身の子ども時代とはまったく違う教育を受けていたことを知り、大変衝撃を受けたことを覚えています。

私が三河の田舎町で虫取りや鬼ごっこをしている間に、彼らは日能研や四谷大塚といった中学受験塾に通い、志望校合格のために親子二人三脚で戦っていたのです。

私は、そうした未知の世界の存在を知って驚いたのと同時に、彼らに対して尊敬の念が芽生えたことを鮮明に覚えています。

ちょうどその翌年（2017年）、『下剋上受験』（TBS系）という、中学受験を題材にしたテレビドラマがはやったり、俳優の芦田愛菜さんが中学入試で難関校に合格したというニュースも話題になったりして、個人的な興味はさらに膨らんでいきました。

その後、学習塾でのアルバイトで中学受験生を担当したり、中学受験に関する書籍を読んでみたりする中で、中学受験の輪郭が徐々にはっきりしていきました。中学入試は「親子の受験」であり、親御さんの「伴走力」が問われること、都内であっても地域によって受験率がまったく違うなど、高校受験とは異なる点も多く、大変参考になりました。

本書は、そんな大学時代から収集してきた膨大なデータと、中学受験経験者の方々からの生の声をもとにまとめたものです。中学受験を検討する皆さんのお役に少しでも立てたなら幸いです。

最後になりますが、このたびは「中学受験」に関する本の出版という形で読者の皆さんとつながれたことを本当にうれしく思っております。ありがとうございました。

〝若手学歴評論家〟初の書籍出版ということで、拙い箇所があったかもしれませんが、ご容赦いただけたら幸いです。

さて、受験界隈の研究に戻らないと……。

じゅそうけん

参考文献

書籍・雑誌など

- 「進学レーダー」(2023年8月号、みくに出版)
- 「プレジデントFamily」(2012年6月号、プレジデント社)
- 『われ弱ければ 矢嶋楫子伝』(三浦綾子著、小学館)
- 『伝説の校長講話 渋幕・渋渋は何を大切にしているのか』(田村哲夫著、古沢由紀子聞き手、中央公論新社)
- 『教えて! 校長先生 渋谷教育学園はなぜ共学トップになれたのか』(田村哲夫著、中公新書ラクレ)
- 『発達障害「グレーゾーン」 その正しい理解と克服法』(岡田尊司著、SB新書)
- 『ファースト・ペンギン 楽天・三木谷浩史の挑戦』(大西康之著、日本経済新聞出版)
- 「成人期自閉スペクトラム症の生活,修学,就労状況に関する診療録調査」(西尾崇志ほか著、「精神科」第40巻第6号、2022年6月、科学評論社)
- 『誤解だらけの発達障害』(岩波明著、宝島社新書)
- 『発達障害のお友だち1 自閉スペクトラム症(ASD) お友だちとうまくつきあえない』(宮尾益知監修、岩崎書店)
- “Why Are Single-Sex Schools Successful? ”(Christian Dustmann,Hyejin Ku,Do Won Kwak,2018 ,Labour Economics Volume 54)
- “Can Introducing Single-Sex Education into Low-Performing Schools Improve Academics, Arrests, and Teen Motherhood?”(C. Kirabo Jackson,2021,Journal of Human Resources)

ウェブサイト

- 「日能研入試情報」(https://www.nichinoken.co.jp/np5/schoolinfo/index.php)
- 「大学通信オンライン」(https://univ-online.com/)
- 「インターナショナルスクールと同居 2023年開学、芝国際中高の目指す教育とは?」(朝日新聞EduA、2022年7月8日、https://www.asahi.com/edua/article/14660647/)
- 「聖光学院はなぜ神奈川トップの進学校になったのか」(ダイヤモンド・オンライン、2012年2月24日、https://diamond.jp/articles/-/263365/)
- 「東大合格者3倍、起業家輩出——次世代リーダー輩出校『聖光学院』の育て方」(dodaXキャリアコンパス、2018年1月18日、https://careercompass.doda-x.jp/article/796/)
- 「女子校No.1の桜蔭が男子や共学を含め“実質トップ”に立つ日…昨年は東大理Ⅲ合格者で灘抜き」(日刊ゲンダイDIGITAL、2023年3月25日、https://www.nikkan-gendai.com/articles/view/life/320532/)
- 「近代日本人の肖像 矢島楫子」(国立国会図書館、https://www.ndl.go.jp/portrait/datas/6039/)
- 「東大は中高一貫校が盛り返す 開成が41年連続トップ、2位筑波大附駒場、3位灘」(朝日新聞EduA、2022年4月15日、https://www.asahi.com/edua/article/14586884/)
- 「わが子を男女別学に行かせるべきか共学にすべきか…経済学の研究が導き出した結論」(プレジデントオンライン、2022年11月19日、https://president.jp/articles/-/63600?page=2#goog_rewarded/)
- 「男子校／女子校出身者と婚活の関係性」(QOM総研vol.47、株式会社パートナーエージェント、https://www.p-a.jp/research/report_47.html)
- 「生涯未婚率は職業によってこんなに違う」(ニューズウィーク日本版、2015年9月1日、https://www.newsweekjapan.jp/stories/business/2015/09/post-3882_1.php#goog_rewarded/)
- 「リケジョの卵、決め手は周囲の大人たち」(ニュースイッチ、2021年8月25日、https://newswitch.jp/p/28490)
- 「西大和学園(奈良) 東大・京大合格者数」(進学校データ名鑑、https://www.shindeme.com/school/tk/29515k/)

その他

- 「平成24年就業構造基本調査」(総務省統計局)
- 「令和2年国勢調査」(総務省統計局)
- 「学校基本調査—令和4年度 結果の概要—」(文部科学省)
- 「学校基本調査—令和5年度 結果の概要—」(文部科学省)
- 「令和4年(2022)人口動態統計(確定数)の概況」(厚生労働省)

じゅそうけん
受験総合研究所。ネット上で暗躍する学歴研究家。「受験情報×エンターテインメント」をモットーにX（旧Twitter）やYouTube上で受験ネタを面白おかしく取り上げる。2021年に大手金融機関を退職し、人生をかけて学歴・受験と向き合うことを決意。国内のみならず、海外の受験事情も勉強中。じゅそうけん合同会社代表。仮面浪人・再受験生を対象にした「じゅそうけんオンライン塾」を運営する傍ら、Xをはじめとする SNSコンサルティングサービスも展開中。本名は伊藤滉一郎。

中学受験《ちゅうがくじゅけん》
子《こ》どもの人生《じんせい》を本気《ほんき》で考《かんが》えた受験校選《じゅけんこうえら》び戦略《せんりゃく》

2024年3月4日　初版発行

著者／じゅそうけん

発行者／山下 直久

発行／株式会社KADOKAWA
〒102-8177　東京都千代田区富士見2-13-3
電話 0570-002-301（ナビダイヤル）

印刷所／大日本印刷株式会社
製本所／大日本印刷株式会社

ISBN 978-4-04-606696-1　C0037